Antonio Buero Vallejo
Alfonso Sastre
Fernando Arrabal

3 OBRAS RENOVADORAS
DEL
TEATRO ESPAÑOL DE POSGUERRA

HISTORIA DE UNA ESCALERA
ESCUADRA HACIA LA MUERTE
EL CEMENTERIO DE AUTOMÓVILES

edición de
Víctor Fuentes

- STOCKCERO -

Copyright foreword & notes © Víctor Fuentes
of this edition © Stockcero 2009
1st. Stockcero edition: 2009

Historia de una escalera © copyright: SAN OVIDIO S.L.
Escuadra hacia la muerte © copyright: ALFONSO SASTRE Y EDITORIAL HIRU, España, www.hiru-ed.com.
El cementerio de automóviles © copyright: FERNANDO ARRABAL

ISBN: 978-1-934768-24-2

Library of Congress Control Number: 2009936309

All rights reserved.
This book may not be reproduced, stored in a retrieval system, or transmitted, in whole or in part, in any form or by any means, electronic, mechanical, photocopying, recording, or otherwise, without written permission of Stockcero, Inc.

Set in Linotype Granjon font family typeface
Printed in the United States of America on acid-free paper.
Published by Stockcero, Inc.
3785 N.W. 82nd Avenue
Doral, FL 33166
USA
stockcero@stockcero.com

www.stockcero

Antonio Buero Vallejo
Alfonso Sastre
Fernando Arrabal

3 OBRAS RENOVADORAS
DEL
TEATRO ESPAÑOL DE POSGUERRA

HISTORIA DE UNA ESCALERA
ESCUADRA HACIA LA MUERTE
EL CEMENTERIO DE AUTOMÓVILES

Índice

Introducción - - - - - - - - - - - - - - - - - -VII
I - Historia de una escalera: «Un intento –teatral– de volver a la realidad». - - - - - - - - - - - - - - - - - -XIV
II - Escuadra hacia la muerte: Un grito de protesta generacional. -XXV
III - Cementerio de automóviles: Ceremonia de la Pasión entre chatarra. -XXXV

Bibliografía - - - - - - - - - - - - - - - - - -XLV

Historia de una escalera
Acto primero -7
Acto segundo -41
Acto tercero -69

Escuadra hacia la muerte

Parte Primera
Cuadro Primero -105
Cuadro Segundo -123
Cuadro Tercero -135
Cuadro Cuarto -139
Cuadro Quinto -145
Cuadro Sexto -147

Parte Segunda
Cuadro Séptimo -157

Cuadro Octavo ---167
Cuadro Noveno ---173
Cuadro Décimo ---181
Cuadro Undécimo ---191
Cuadro Duodécimo ---193

El cementerio de automóviles
Acto primero ---203
Acto segundo ---243

3 OBRAS RENOVADORAS DEL TEATRO ESPAÑOL DE POSGUERRA
HISTORIA DE UNA ESCALERA • ESCUADRA HACIA LA MUERTE • EL CEMENTERIO DE AUTOMÓVILES

Introducción

Si bien en España se mantuvo una dictadura militar, burguesa, hasta la muerte del dictador en 1975, desde la victoria de los Aliados en la Segunda Guerra Mundial (1945) treinta años antes, el régimen franquista, derrotados sus aliados Hitler y Mussolini, quedó a la intemperie en el plano internacional. Desde aquellas fechas, esgrimiendo las bazas del anticomunismo y del catolicismo, el dictador, para sobrevivir congraciándose con las democracias occidentales y mantenerse en su inmovilismo tuvo que ir, valga paradoja, desprendiéndose, aunque muy paulatinamente, de su razón de ser fascista, lo cual fue abriendo intersticios a una creciente Oposición interior. De aquí, que a su muerte aquello que él creía dejar «atado y bien atado», casi fulminantemente desapareciera para abrir paso a la tan celebrada Transición a la Democracia.

En el plano del arte y la cultura, y a pesar de la férrea censura, tal proceso evolutivo dentro de la constante inmovilista, es manifiesto. Tras lo que supuso una purga casi total, recurriendo a ahuyentar al exilio a la mayoría de los artistas e intelectuales más destacados, liquidar físicamente a otros, encarcelar y depurar de sus puestos a tantos más, podemos decir que, pasado el momento brutalmente represivo al final de la guerra y de los primeros años de la posguerra, la liquidación de la cultura anterior al Régimen no fue total. Es casi imposible, aun en los regímenes más totalitarios (y el de Franco fue uno de los más en el siglo XX), acabar de cuajo con un continuidad, histórica y «transhistórica», cultural que, con sus altibajos, corre por generaciones e inclusive siglos en las naciones. El caso español, a pesar del tajo impuesto, no sería una excepción. En los años '40 y '50, a contracorriente de las pautas culturales e ideológicas que impuso (o trató de imponer) la dictadura se fue dando una paulatina renovación en la cual son fundamentales los tres dramaturgos y sus obras que incluimos en este volumen. El caso de Arrabal, estrenando fuera de España y en francés, aunque casi todas sus obras fueran, primero, escritas y concebidas en español, es todo un ejemplo de que la literatura española mantuvo una continua vigencia en el exilio: en él, unida a la del exilio interior. Vincula a las tres obras que editamos, además de lo antedicho, el hecho de ser tragedias, algo nada común en el teatro español, y menos en unos años en los que dominaba la comedia, tan apropiada para evadir la dramática realidad político-social. Ya Juan Villegas tuvo el acierto de unir a los tres autores, a principios de los años 70, en su ensayo, «Tres dramaturgos en busca de una universalidad: Buero Vallejo, Alfonso Sastre y Fernando Arrabal». Claro que no se trata de una busca –y menos poco alcanzada como él proponía– sino de una universalidad lograda como veremos en lo que sigue.

Antes de ocuparme en tres apartados sucintos de los aspectos renovadores que trajeron al teatro español con cada una de las tres obras sus respectivos autores, esbozo el contexto de impulso renovador que se dio en el teatro español, a contracorriente del oficial y oficioso, ya desde los primeros años '40 y, principalmente, a partir de 1945. Precisamente, en ese mismo año, unos jóvenes fundaron el grupo «Arte Nuevo», concepto ya usado por Ortega y Gasset en 1925 en su diagnóstico del arte de vanguardia de entreguerras. Y en 1949 se publicó un libro dedicado al grupo con el título de *Teatro de Vanguardia. 15 obras de Arte Nuevo.* ¡Teatro de Vanguardia. Arte Nuevo en los años '40 de la España de Franco! Para que veamos que las generalizaciones al uso no siempre son cabales. En un principio los que fundaron el grupo, un día de abril de 1945, en el Café o Cafetería Arizona, sito, entonces, en la calle Alberto Aguilera 19, fueron Alfonso Paso, Alfonso Sastre, Medardo Fraile, Carlos José Costa, Enrique Cerro y José Gordón. Los cinco primeros hicieron sus primeros pinitos de autores y actores cuando todavía estudiaban el bachillerato en un modesto Colegio-Academia, «Menéndez Pelayo». del barrio de Chamberí, situado en la calle Jerónimo de la Quintana.

(¡Tiene bastante de simbolismo reivindicativo que estas semillas de renovación del teatro español en la España franquista fueran sembradas en un colegio de barrio, con un muy reducido plantel de profesores que parecían sobrevivientes de tiempos mejores de antes de la guerra! Da la casualidad de que quien escribe esto también estudió en dicho colegio-academia y en las Navidades de 1942, 1943 y 1944, en aquellos oscuros años de la dictadura, disfrutó con las piezas teatrales, acompañadas de sus Fines de Fiesta, compuestas y actuadas por aquellos jóvenes, recién salidos de la adolescencia, quienes llegarían a figurar tanto en el teatro español contemporáneo. Valga esta evocación como un homenaje retrospectivo por los buenos ratos que me hicieron pasar con aquellas veladas teatrales suyas, entre mis 9 y 11 años).

A ellos, aparecen unidos en el *Teatro de Vanguardia*, José María Palacios y José Franco. Frente al localismo del teatro comercial en boga, dichos jóvenes dramaturgos y actores, en sus piezas de un acto, en su mayoría, traían la visión teatral de una nueva generación, surgida tras la guerra, que trataba de entroncar con las nuevas vertientes del teatro universal, principalmente del norteamericano y del inglés, y también del francés. Significativamente, un crítico del Establecimiento cultural de la España franquista, el prestigiado Alfredo Marqueríe escribió en el prólogo al *Teatro de Vanguardia*: «En algunas de estas obras se advierten influencias más o menos próximas de autores como Pirandello o Shaw, Wilder o Soroyan, Kayser o Rice, y también la sombra atormentada que posa sobre las concepciones de un O'Neill o de un Sartre». Y antes de esto, escribe unas palabras que son un refrendo de tal teatro y una impugnación del localista, idealista y evasivo dominante en las salas teatrales:

> «Arte Nuevo» ha despertado en una minoría pasión activa acerca del teatro, la pasión que no desencadenará nunca –salvo contadísimas excepciones– esas comedias que nos ofrecen las llamadas «salas comerciales», atenidas exclusivamente al concepto mercantil, al negocio de explotar el mal gusto o de halagar bajos y plebeyos instintos cuando no a servir un teatro sin calor humano, sin temperatura cordial, de fórmula y receta, de conversación de mesa-camilla (9-10).

A mediados de los años 60, cuando gran parte de la juventud y de los nuevos literatos y artistas españoles han hecho suyo el «espíritu» contestatario y libertador de tal época, conectando y participando ya en las distintas corrientes artísticas neo-vanguardistas mundiales del momento, uno de los componentes de «Arte Nuevo», José Gordón, publica su libro *Teatro español experimental (Antología e Historia)*, donde, precisamente, traza la existencia de una trayectoria continuada, salvo en los años de la guerra, de dicho teatro: desde los autores del '98 hasta finales de los años '50. Guiándome en su libro, señalo, muy someramente, las tendencias y grupos teatrales afines al de Arte Nuevo que trajeron a la escena española, desde principios de los años '40 hasta finales de los '50, y principalmente en Madrid y en Barcelona, muestras de un teatro que se hacía, por aquel entonces, en Nueva York, Londres y París. Y me detengo en esto, pues constituye un contexto teatral, poco reconocido, en el que surgen los autores y las obras de este volumen. Para un estudio detallado y comprehensivo del teatro de aquellos años, véase, «El teatro español entre 1945 y 1950», de Víctor García Ruiz.

Al margen del teatro comercial, las salas en que se presenta el teatro experimental de aquellos años son las de los teatros nacionales madrileños: el *María Guerrero* y el *Español*, dirigidos por Luis Escobar, Pérez de la Ossa y Luca de Tena. Como escribiera en su libro José Gordón: «En general, todos los montajes del Teatro Español y María Guerrero, de esa, época, fueron un experimento constante y gracias a ellos se acostumbró al público a un teatro mejor» (30). En el María Guerrero se estrenaron, entre otras, *La herida del tiempo*, de J. B. Priestley (20-10-1943), que bien podría haber servido de subtítulo a *Historia de una escalera* donde el tiempo es tema central, y *Nuestra ciudad* (29-12-1944), de Thornton Wilder, obra y autor que tanta influencia tuvieran sobre los medios teatrales españoles de aquel entonces. Entre otros montajes experimentales en el María Guerrero habría que destacar el llamado «Tenorio de Dalí» (1-11-49), realizado con la rompedora escenografía y figurines del propio genial pintor y el original montaje de Luis Escobar. Si unimos esta representación a la de *Historia de una escalera,* realizada por las mismas fechas en el Español, con el acertado montaje de Luca de Tena, sobre la tan singular concepción de la puesta en escena que aportara Buero Vallejo, nos encontramos con dos muestras del alto nivel en escenografías y dirección escénica que ya había alcanzado a finales de los años '40 un «cierto» teatro español.

Se ocupa, asimismo, José Gordón de otros teatros y grupos teatrales que «informaron» al público español, tanto en Madrid, como en Barcelona y en gira por las distintas provincias, de obras internaciones de renombre en el momento. Por ejemplo, el Teatro de Cámara oficial, dirigido por Luis Escobar, desde 1946, escenificó *Huis clos* (*A puerta cerrada*) de Jean Paul Sartre, estrenada en París en 1944, en 1947 en el María Guerrero y en el Español se representó *Antígona*, de Jean Anouilh. El mismo Gordón, al extinguirse «Arte Nuevo», fundó, junto con José María de Quinto, «La Carátula», representando, entre otras obras de relieve, *El zoo de cristal* de Tennessee Williams y *Todos eran mis hijos* de Arthur Miller. También nos da cuenta de la existencia de un «teatro íntimo», continuación de los que impulsaron en los años veinte los hermanos Baroja, Valle-Inclán y otra gente de teatro. Menciona el dirigido por, el hoy tan consagrado, José Luis Alonso, en la calle Serrano, número 3, donde se representaron piezas de Sartre y de Cocteau, o el del Instituto Italiano de Cultura (tan abierto a la cultura española de resistencia en aquellos años), bajo la dirección de Fernando Fernán Gómez y Francisco Tomás Comes, quienes presentaron obras de varios autores italianos, Diego Fabri, Vittorio Calvino y Ugo Betti. Igualmente, destaca la labor, por todos los centros universitarios del país, de Teatro Español Universitario (TEU), dirigido por Modesto Higuera, quien se había formado en «La Barraca», con Federico García Lorca, y del Teatro Popular, quien bajo la dirección de Gustavo Pérez Puig, estrenó en 1953, una de las tres obras de este volumen: *Escuadra hacia la muerte* de Alfonso Sastre. En ese entonces entrábamos ya en los tiempos «De la desolación a la esperanza. Los años cincuenta», que estudian Jordi Gracia García y Miguel Ángel Ruiz Carnicer en su fundamental libro, *La España de Franco (1939-1975). Cultura y vida cotidiana*.

* * *

Tal contexto teatral de renovación y apertura que se dio en el ahogado clima generalizado de la cultura de la España franquista en los años 40, «la década negra», incrementado a comienzos de los 50, está presente en las obras de los tres autores que tratamos. Como ya expuse, Alfonso Sastre fue uno de los iniciadores y protagonistas de tal empresa renovadora, refrendada por Antonio Buero Vallejo en unas frases con las que cuestiona y matiza el tópico u opinión generalizada del retraso del arte español, no sólo en aquellos años, sino en toda la época moderna. En conversación con el crítico Isasi Angulo, señala: «Estamos más a la *page* de lo que piensan fuera y de lo que pensamos en España, al menos en algunos puntos. Lo que sucede es que la atmósfera en general sufre de un sensible retraso contra el que siempre reacciona las minorías como ya le dije» (*Diálogos del teatro español de postguerra* 71). Y esto es lo que bastante atinadamente le había dicho antes:

> El no estar al día en las corrientes universales es una vieja imputación a nuestras letras, pero haría falta saber si ese desajuste es por retraso o por adelanto. En más de una ocasión se ha visto que, en supuestos retrasos, había elementos precursores agazapados. El caso de Valle-Inclán es ya tópico en este sentido (52).

Y, con el refrendo de estas palabras, pasó a considerar, en apartados distintos, cómo nuestros tres dramaturgos, con el ejemplo las tres obras de que consta la presente Antología, están a la «page» del teatro renovador universal de su época y hasta con elementos precursores aún dentro de ese teatro, no ya agazapados, sino al descubierto. Gran hazaña si consideramos el muro político y cultural que se alzaba enfrente de ellos y con el que chocaron. Tanto Sastre como Arrabal, al igual que Buero Vallejo, aunque no en las extremas condiciones de éste, fueron encarcelados por la dictadura: Sastre en 1956 y Arrabal en 1967. En las tres obras hay una proyección biográfica de sus autores. Al final de esta Introducción incluyo una corta Bibliografía sobre el contexto teatral y cultural de la época y una muestra bibliográfica de algunos de los libros y ensayos críticos más representativos sobre los autores y las obras que reproducimos para quienes se interesen en profundizar su estudio.

I - Historia de una escalera: «Un intento —teatral— de volver a la realidad».

Frase, ésta, del propio Antonio Buero Vallejo, que al encarnarse en el escenario del Teatro Español con el estreno de la obra, en octubre de 1949, explica, en gran parte, el clamoroso éxito de la misma, en la cual los intentos experimentales de renovación de los propios dramaturgos españoles, confinados, hasta entonces, a grupos y espacios minoritarios, saltan al centro de la escena y llegan al gran público, quien se rindió ante la nueva realidad teatral y humana que se representaba. Con esta obra, premio «Lope de Vega» de 1949, Buero Vallejo inició una presencia continuada en la escena española, jalonada con otras obras de gran éxito, que abarca, prácticamente, casi toda la segunda mitad del siglo XX, lo cual le erige en una de las figuras señeras de toda la historia del teatro español.

Fue algo insólito, aunque quizá se trate de un ineludible destino histórico y de un acto de «justicia poética», que quien viniera a devolver a la realidad el teatro español, dentro del marasmo oficial de la España franquista, fuera un republicano; uno de los vencidos, salido de la cárcel tres años antes del estreno de la obra, en la que estuviera condenado a muerte e, indultado de ésta, preso seis años desde 1940 a l946. «La herida del tiempo», la vivió Buero Vallejo en carne propia en una celda de la cárcel. Es asombroso también, aunque en parte se explica por la existencia del mencionado contexto de teatro experimental y de «vanguardia» en los medios minoritarios que él frecuentó, el que en sólo tres años fuera de la cárcel, se pusiera al tanto del teatro moderno americano y europeo del momento y escribiera las dos piezas que presentó, bajo seudónimos, al premio Lope de Vega: ésta de que me ocupo y *En la ardiente oscuridad*, la primera obra escrita por él, con un título que también podría aplicarse a la situación de la inspiración creadora de Buero en prisión y en libertad vigilada en la primera década del franquismo.

El éxito de público y de crítica —quizá sin igual en toda su larga trayectoria teatral— de su primera obra estrenada ha hecho que su propio autor llegue a declarar «yo abomino de *Historia de una escalera*», añadiendo:

> ...me parece que yo he dado a conocer no sé, no menos de de cinco o seis obras que ganan notoriamente en calidad a *Historia de una escalera*, pero que no solamente la ganan en calidad, sino también pueden ganarla en representatividad del momento o de la etapa en la cual fueron dadas a conocer. E incluso la ganarían en potencial carácter de renovación dentro de nuestro propio teatro, del teatro en general del país (*El teatro de Buero Vallejo. Texto y espectáculo* 90).

Podría ser, e invito al lector que lea las otras obras que el autor, además de *En la ardiente oscuridad,* recomienda por encima de *Historia de una escalera*: *El sueño de la razón*, *La Fundación*, *El tragaluz*. Sin embargo, ninguna de ellas ha tenido el impacto espectacular que tuvo, y ha seguido teniendo, la obra que el dramaturgo, desde la cima de sus otros logros, relega a su «prehistoria». En el volumen *Documentos de* Historia de una escalera. *Textos e imágenes*, se nos da un asombroso dato de la gran difusión de la obra impresa (algo que habría que refrendar documentalmente, pues parece inverosímil, aunque sí apunta a la innegable gran vigencia de tal texto teatral): «En 1992, *Historia de una escalera* fue declarada el libro de autor vivo más vendido de todos los tiempos, con un millón doscientos mil ejemplares» (162). A continuación, y de modo sintético, destaco aspectos cruciales de la renovación que aporta esta obra al teatro español de su época. Virtudes Serrano, en la Introducción de su edición, nos ha dado una amplia descripción y análisis de la pieza, a la que acompaña de una «Guía de lectura», de gran utilidad para maestros y alumnos.

Partiendo de una forma tan tradicional del teatro español como el sainete o el melodrama popular, Buero Vallejo, en su renovación teatral, se sitúa, más que en la línea de Carlos Arniches, en la de Valle-Inclán, quien declarara que su teatro «es el género chico multiplicado por cuatro». En el caso de *Historia de una escalera*, el sainete y el género chico se multiplican hasta llegar a la tragedia. Valle-Inclán y Lorca son los autores del teatro español moderno con los que Buero se identifica y, mirando *Historia de una escalera*, con la lente de los Esperpentos y de las tragedias de Lorca, se acerca uno más a ver esta pieza como esa «especie de Apocalipsis teatral del Madrid de los barrios bajos», según la describió su autor en una ocasión (*Documentos de* Historia de una escalera, 139).

Este Apocalipsis, término que bien se podría aplicar a lo vivido por la sociedad española en la guerra y en la inmediata posguerra, es lo que revive el espectador –al que el autor hace entrar tanto en su drama, aunque distanciándolo críticamente, también, en lo que apunta a una fusión de las «poéticas» de Aristóteles y de Brecht– y el lector con este drama de desolación, el cual también, como todo Apocalipsis, anuncia la recreación de un mundo nuevo: el fin es un nuevo comienzo y a ello apunta esta tragedia, tan combada por un tiempo cíclico, como se vislumbra en la escena final de *Historia de una escalera* y en el efecto catártico-purgativo de toda la pieza. Tragedia abierta a la esperanza, una concepción que Buero Vallejo se ufana de haber traído a la escena contemporánea: «rebeldía esperanzada», según la analizó Pedro Laín Entralgo (tiempo después de haberse distanciado él mismo Laín del franquismo), y que en el cerrado horizonte de la España de 1949 surtía todo un efecto de fármaco en tantos de los espectadores-as que acudían a verse conmovidos por el drama social y humano de la pieza, tan vivido en la realidad del momento, y que el Régimen quería que no se viera o sintiera.

En reiteradas ocasiones, Buero Vallejo declaró que aspiraba a un teatro integral, y que el teatro contemporáneo debería juntar a Brecht con Beckett. Algo de esto se da ya en su primer estreno. Aunque *Esperando a Godot* no se estrenara hasta 1953, cuatro años después de *Historia de una escalera*, ya encontramos en esta obra algún vínculo con aquella, pues si Samuel Beckett revistió a la tragedia con los ropajes de la farsa, como señalara Maurice Nadeau, Buero lo hizo con los del sainete, que tanto tienen de farsa. Además el desolado escenario de la escalera, con las puertas cerradas, ya anticipaba, en algo, el desvastado descampado donde tiene lugar toda la acción de la pieza del irlandés. En ambas se trata de una espera: espera de tiempos mejores en la pieza de Buero que, como Godot, no llegan, aunque al final, y en esto muy contrario a Beckett, sí tenemos el rayo de esperanza aludido. A nivel consciente no hay en el discurso de Buero Vallejo el sentido ilógico que tiene en el teatro de Beckett, sin embargo, la trivialidad de tantos intercambios verbales y la repetición de actos de bastante sin sentido en *Historia de una escalera* en algo apuntan al absurdo, y, en su caso, con un sentido político implícito.

Por otra parte, la rigurosa construcción racional de la obra crea un efecto de distanciamiento ya en el autor, contagiado al público, que, como ya he señalado, lo relacionaría con el distanciamiento brechtiano, aunque cuando Buero Vallejo escribiera sus primeras obras tampoco conociera el teatro del germano. Con el rigor de su exposición y la emoción del drama, tan apegado a la realidad social, como los de Brecht, por vía distinta a la éste, consigue un parecido efecto de adentrar a los espectadores en el drama vivido, el de los personajes y el de ellos mismos, conmoviéndolos emocionalmente, algo, eso sí, que no se da en el teatro de Brecht. Igualmente, el espacio confinado en que se desarrolla la pieza de Buero podría relacionarla con *Huis clos* de Sartre, aunque el infierno alegórico vivido en esta obra, en la de Buero Vallejo se de en la realidad social. Y es este realismo de la vida cotidiana lo que acerca a *Historia de una escalera* al teatro norteamericano contemporáneo: *Nuestra ciudad* de Thornton Wilder y el de Arthur Miller, en concreto. Curiosamente, *La muerte de un viajante* se estreno en el mismo año de 1949. Ambos autores, el norteamericano y el español, llevaban la tragedia a la realidad cotidiana, a la vida desgarrada de seres vulgares: «Héroes trágicos sin coturno», como declarara Buero en una ocasión.

He aludido a todos a estos paralelos para destacar cómo

su teatro, desde los comienzos —y de una experimentación formal poco comprendida salvo alguna excepción— entronca con el teatro moderno europeo y norteamericano. Esta modernidad de *Historia de una escalera*, se manifiesta ya en la originalidad de su experimentación escénica, con el gran hallazgo de convertir a la escalera, gastada por el tiempo, en el principal personaje de la obra, como varios críticos sostienen, y de presentarnos el drama íntimo de los personajes a «puerta cerrada». No ha visto la crítica cómo a su experimentación escénica incorporó Buero Vallejo técnicas cinematográficas: el plano general de la escalera y su entorno, con la acción desarrollándose en otros planos singulares de las puertas, los peldaños, y descansillos: sus ángulos, que acompañan las subidas y bajadas, las miradas desde arriba o desde debajo de los personajes: ángulos en picado y contrapicado.

En cuanto a su contenido, otra gran originalidad es la de hacer del tiempo tema central de la pieza. Él mismo declaraba, como nos recuerda Virtudes Serrano en su Introducción (17), que se inspiró en aquello de «Vivir es volver. Es ver volver todo en un retorno perdurable eterno», del Azorín de *Las Nubes* y también en *Tic-Tac* de Claudio de la Torre: aunque el Tic-tac de su pieza tiene mucho del de una bomba explosiva.

En una entrevistas con motivo de su reposición a principios de 1968, tras evocar lo que tuvo de «atrevida experiencia» el situar toda la acción en el espacio dinámico de una escalera y de suscitar y resolver el drama entero mediante los incidentes de bajar y subir (en otra ocasión, nos dijo que esto era símbolo de la vida-muerte: nacer y ascender, morir y bajar), relaciona su uso del tiempo con el de la gran novela de Proust, precisando: «Y este recuerdo me despertaba otro más literario, el del título memorable del gran conjunto "En busca del tiempo perdido". Pues, como obra de teatro, esta primera mía buscaba también algo de nuestro tiempo perdido» (*Documentos de* Historia de una escalera 108). Ahora 41 años después de aquella reposición, podemos afirmar que, irónicamente, para esta obra del fluir del tiempo no pasa el tiempo, lo cual la ha convertido en un clásico moderno.

La diferencia entre su obra y «La herida del tiempo» y «Time and the Conways», de Priestley, el dramaturgo moderno, que en la estela del grandioso Proust, trajo el tema del tiempo al centro de la escena teatral contemporánea, es que en la de Buero Vallejo, y a diferencia de Proust y de Priestley, como ya vemos en el título, el tiempo está muy vinculado al de la Historia: el de la dramática historia de la primera mitad del siglo XX español, con tanto «tiempo perdido», quizá por eso ni se precisan las fechas concretas de esta historia. Al comenzar el primer acto, se nos advierte en el texto: «El espectador asiste, en este acto y en el siguiente, a la galvanización momentánea de tiempos que han pasado», como si se tratara de un efecto de «flash-back», al uso del tiempo cinematográfico, pues en el tercero la acción viene al presente, en el cual estaban los espectadores en la sala.

El propio Buero ha mencionado su predilección por Galdós, y varios críticos le han comparado con él, en cuyas novelas vive la historia del siglo XIX español, cómo en la vida de tres generaciones de la pieza se vive medio siglo XX de la historia española. De aquí, podría inferirse, que el drama se viva «de puertas afuera», fuera de esos interiores donde, por lo general, se desarrollan los dramas de la intimidad o la vida cotidiana burguesa. En *Historia de una escalera,* el drama se muestra en el hueco de la escalera o con los personajes refugiándose o agarrándose al «casinillo», el hueco de la ventana, en la planta baja, como si inútilmente quisieran protegerse del ciclo del tiempo de la Historia, que los arrastra al desgaste y al desgarre.

Aunque no se dan fechas concretas históricas, la acción comienza alrededor de 1917, época de gran conflictividad social. Se nos presenta a Urbano, el obrero, como «proletario», hablando de las luchas sindicales, evocando la «Solidaridad» y refiriéndose la huelga de metalúrgicos, una de las tantas que hubo en Madrid en aquellas fechas del «trienio bolchevique». En el segundo acto «Han transcurrido diez años que no se notan en nada», leemos en la primera acotación: el fluir de un tiempo inmóvil otro de sus aciertos que apunta al estancamiento de la sociedad española. Estaríamos en la época de la «dictadura blanda» de Primo de Rivera. Vemos a Urbano, ahora «un triste obrero», como el mismo se define, aspirando a mejorarse como mecánico y trabajar y ganar más para Carmina, a quien se ofrece en casamiento. En aquellos tiempos de represión sindical ha desaparecido del lenguaje la palabra «proletario» y la de «Solidaridad». En el tercer acto han pasado «velozmente veinte años más». Ahora sí por la vida de los personajes se ha abatido el ciclón de la guerra civil, aunque no haya alusión a ella: un trauma que se vive mudo. Estamos «en nuestra época», en 1947 cuando se concibió el drama o 1949 cuando se estrena: en unos años muy duros de la dictadura franquista. Vemos efímeramente a dos nuevos inquilinos, un Señor y un Joven, de los que se benefician de la situación. Hablan de los nuevos modelos de automóviles y del deseo que algunos de los antiguos vecinos se muden, para ocuparlos ellos, tras «desinfectarlos y pintarlos».Ahora Urbano y Carmina «son casi viejos», lo mismo que Fernando y Elvira: «dos viejos matrimonios, de obrero uno y el otro de empleado», ambos desvencijados, viviendo en la pobreza: para ellos el tiempo, que los lleva a la vejez, también ha corrido, pero hacia atrás. No es de extrañar que en esta situación, y comidos por las frustraciones, estalle el conflicto entre las dos parejas. En un momento, Urbano le echa en cara a Fernando: «¿Dónde han ido a parar tus proyectos de trabajo?» Y éste le responde, vinculando el fracaso individual al colectivo de los ideales revolucionarios: «Sí, como tú. También tú ibas a llegar lejos con el sindicato y la solidaridad (Irónico). Ibais a arreglar las cosas para todos… Hasta para mí».

Algún crítico le ha reprochado a Buero Vallejo que en la obra no haya alusiones a los grandes acontecimientos del ciclo, ciclón, histórico que dramatiza: en especial los referentes a la guerra civil. Creo que aquí se da un rasgo creador del «posibilismo» de Buero (de haberlo hecho, por otra parte, no hubiera habido ni premio, ni representación: la censura hubiera prohibido la pieza), que enriquece su concepción creadora, pues los dramáticos hechos históricos, relegados al subtexto y al sentido latente, se encarnan en forma muda en los personajes que los han vivido (al igual que los espectadores): se traslucen en sus penurias y en su abatimiento físico y moral. De aquí, lo esperanzador del rechazo de tal mundo por los jóvenes Fernando y Carmina, hijos, al final de la pieza: «¡Sí puede ser! No te dejes vencer por su sordidez. ¿Qué puede haber entre ellos y nosotros? ¡Nada!», exclama Fernando, anunciando ya el grito de rebeldía de la juventud de la generación de quienes fueran niños de la guerra. La exasperación de los conflictos individuales de los personajes adultos tienen su clímax en la escena del acto tercero (tan aplaudida por los espectadores, quizá por su efecto catártico) en la que estos conflictos estallan en la pelea «colectiva» entre las familias de los vecinos, algo que pudiera evocar la cainita «guerra civil».

A tono con todo esto, podríamos conjeturar que Buero Vallejo germinó este drama, recordando o reviviendo su tiempo en la celda de su prisión: a sus pies, en un charco, el tiempo perdido de la España de la Edad de Plata, con sus propias esperanzas de la juventud, y con él abocado a un futuro que bien podría ser la muerte, con el cumplimiento de su condena o quizá, también, la esperanza que el tiempo cíclico, le devolviera, a él y la nación, aquel «tiempo perdido».

Esta disyuntiva es la que presenta el tiempo del drama. Por un lado, el de la muerte, la del tiempo destructor, que va acabando con los personajes, sus amores y sus ilusiones en los treinta años que se viven en escena y que los espectadores absorben, embebidos en la hora y media de representación, y que tanto tienen que ver con sus vidas actuales. Por otro lado, la esperanza que en su día experimentaron, Urbano, «el proletario» (palabra que quizá sonara y con tono positivo por primera vez en los escenarios de la España franquista) y Fernando y Carmina, padres cuando eran hijos: esperanza que vuelven a vivir sus hijos, Fernando y Carmina –nótese que esta Carmina es hija de la Carmina madre y de Urbano– en la última escena, repitiendo la misma de sus padres, treinta años antes, al final del primer acto. Maravillosa escena en que, en el éxtasis de la mirada amorosa, el tiempo, que no ha dejado de fluir, queda detenido. Esperanza también prendida de incertidumbre por todo lo que ha pasado o, mejor, no ha pasado antes, como subrayan las miradas de los padres, Fernando y Carmina, quienes desde ángulos distintos contemplan la escena. Todo un gran momento de agnición.

Como he aludido, volveríamos a un paralelo indirecto con Brecht en este final. Se pasa a los espectadores la responsabilidad de hacer de tal esperanza una realidad en sus vidas: Que el tiempo perdido, se transforme en tiempo ganado. Tal posible optimismo, dentro del pesimismo vivido en la realidad del drama y de la sociedad española de la época, podría explicar, en gran parte, su gran éxito y continuada vigencia.

No querría terminar dejando la impresión de que todo fue un lecho de rosas en la recepción de *Historia de una escalera,* No podía serlo, pues venía a desgarrar el velo con que se trataba de ocultar una realidad que la obra traía a la escena. Con motivo de su estreno en 1949, dentro del clamor crítico sonaron voces que desde los valores del teatro del Establecimiento y de la política del Régimen quisieron rebajar su triunfo. Doy dos muestra de éstas: en una reseña en *El correo español – el pueblo vasco*, de Bilbao (26-III-50), firmada por Critias, leemos: «Ha triunfado el autor, pero a costa de hacer fracasar a todo bicho viviente: al amor, el afán de redención social, al trabajo, a la familia. ¡Ni siquiera hay pastel para el niño en el día de su cumpleaños! Una visión inteligente, muy personal, pero que es una losa para los nobles sueños...» (*Documentos de* Historia de una escalera 86). Y en otra reseña de Murcia (17-II-50), leemos: «Los sentimientos nobles y caritativos no los enraíza el autor en un fondo cristiano. El nombre de Dios no aparece por parte alguna... Es una obra laica...» –y continua– «La obra está totalmente vacía de esa gran espiritualidad. Hay conductas entre sus personajes, inmorales y acomodaticias, y ni una palabra de perdón, ni un sentimiento de caridad capaz de hacer olvidar antiguos agravios...» (89). Pero aun estos críticos se ven obligados a reconocer la originalidad e importancia de la obra. Éste último añade: «No obstante estos reparos, creemos que esta comedia significa un avance para contrarrestar la crisis que padecemos de obras teatrales y una promesa en que este autor novel que, por la originalidad del tema y de su desarrollo, nos hace pensar en sus grandes posibilidades» (89). Y en esto sí acertó, como puede comprobar todo quien se acerque a la obra teatral de Buero Vallejo, empezando con su primera pieza representada que reproducimos en esta edición.

II - Escuadra hacia la muerte: Un grito de protesta generacional.

Ya he destacado el protagonismo de Alfonso Sastre en los primeros esfuerzos de renovación del teatro español de posguerra, comenzando con la fundación del grupo «Arte Nuevo». Como dramaturgo y teórico ocupó un papel central en los esfuerzos prácticos y teóricos que se hicieron entre 1945 y el primer quinquenio de la década de los años 50 por la renovación del teatro español y el rompimiento de las barreras impuestas por la Autarquía a la cultura española. Posteriormente, con sus distintos libros de teoría dramatúrgica también deviene uno de los más eminentes teóricos teatrales de nuestro tiempo. La figura y obra de Alfonso Sastre se extienden por más de 60 años de actividad teatral. Fallecido Buero Vallejo ya hace algún tiempo, él es la personalidad de más larga trayectoria teatral en el Teatro español contemporáneo y como tal ha recibido premios Nacionales e Internacionales, aunque, al mismo tiempo, haya sido, posiblemente, el dramaturgo del interior que mayor marginación ha experimentado: en una de las grandes ambigüedades y contradicciones presentes en su obra y en su vida, sobre las que él se extiende en conversaciones con Francisco Caudet, recogidas en el libro, tan apropiadamente titulado, *Crónica de una marginación*.

En las páginas que siguen me extiendo, en forma sintética, en destacar aspectos originales, innovadores de su primer gran éxito teatral –y posiblemente el mayor de toda su carrera– a pesar de que la obra *Escuadra hacia la muerte* fuera prohibida a los tres días de su estreno. La considero dentro del contexto teatral, cultural, político e intelectual del año en que se estrenó: 1953, y no sólo de España, pues uno de sus principales méritos es el de traer a la escena española, tan localista en aquellos años, un tema de inquietante, apremiante, actualidad mundial. Entre los numerosos ensayos escritos sobre este obra, recomendaría el detallado y comprehensivo análisis realizado, a finales de los años '70, por Andrés Amorós y Marina Mayoral, que viene acompañado por una sugerente «Propuesta escénica para *Escuadra hacia la muerte*», de Francisco Nieva, donde propone un montaje actualizado de la parca escenografía en que Sastre sitúo su obra, utilizando, por ejemplo, plataformas giratorias, y técnicas cinematográficas: grandes diapositivas y diversidad de planos y ángulos de enfoque en la acción del drama. Se recogen estos trabajos en el libro editado por ellos tres sobre Cinco comedias españolas.

Niño de la guerra, Alfonso Sastre, perteneció a esa generación de jóvenes españoles y europeos de después de la guerra (la española y la mundial), airados y contestatarios del orden/desorden establecido. En cierto sentido, y en el subtexto de la pieza, los cinco jóvenes soldados en sus arranques de ira representan la vivencia histórica-alegórica de toda una generación. Las palabras de uno de los protagonistas, Javier en el cuadro quinto, pueden verse como un grito de aquella generación de jóvenes, terminada la Segunda Guerra Mundial y abocados a una posible Tercera:

> Una escuadra hacia la muerte. ¡Un, dos! Lo éramos ya antes de estallar la guerra. Una generación estúpidamente condenada al matadero. Estudiábamos, nos afanábamos, y ya estábamos encuadrados en una gigantesca escuadra hacia la muer-

te. Generaciones condenadas...

Para muchos de aquellos jóvenes europeos del momento, el existencialismo fue un pensamiento enarbolado ante tales adversas circunstancias; todo un modo –o moda– y estilo de vida. Como escribiera, Georg Lukacs, en su crítica que pretendía ser demoledora del existencialismo:

> La obra básica de existencialismo occidental, la que citamos en epígrafe de este capítulo (*El Ser y la Nada*, de J.P. Sastre), apareció en 1943 y después de esa fecha asistimos a la marcha triunfal e irresistible del existencialismo en las discusiones filosóficas, en las revistas especializadas, así también como en las novelas y en las piezas teatrales... ¿Se trata de una moda pasajera, llamada a durar a lo más algunos años, o de una nueva filosofía destinada a hacer época? (*La crisis de la filosofía burguesa* 47).

En España a principios de los años '50, y un poco antes, cuando el Régimen, a pesar suyo, se veía obligado a abrirse a las democracias occidentales, el existencialismo, aunque en forma semiclandestina, ganó muchos adeptos, principalmente en los medios universitarios y literarios de Madrid y Barcelona. Uno de los ganados a esta nueva modalidad filosófica fue Alfonso Sastre, quien ya destacaba con su crítica en la revista *Ahora*, de corte falangista-aperturista, y en tertulias como de las que nació *Revista española*: revista bimestral de creación y crítica, ya independiente de los medios políticos del poder, editada bajo el patrocinio de Antonio Rodríguez Moñino, y la editorial Castalia. «Las fisuras en el sistema y el nacimiento de la disidencia», que analiza Miguel Ángel Ruiz Carnicer en el libro ya mencionado, estaban ya presentes a comienzos de los años '50. El grupo de la redacción de *Revista española*, que se inició en mayo-junio de 1953 y tuvo su último y sexto número en 1954, estaba formada por Ignacio Aldecoa, Rafael Sánchez Ferlosio y Alfonso Sastre y un grupo de colaboradores entre quienes se encontraban José María Quinto, Jesús Fernández Santos y Carmen Martín Gaite. Constituía ya el núcleo de quienes innovarían las letras españolas en aquella década, cuyos primeros relatos y crítica se publicaron en la revista: se trata de la nueva generación de escritores y artistas de quienes habían sido niños y niñas de la guerra. En el primer número de *Revista española*, Ignacio Aldecoa, en su ensayo, «Hablando de *Escuadra hacia la muerte*», ya escribía:

> Alfonso Sastre y su «Escuadra hacia la muerte» han abierto una brecha, una herida, un desgarrón dulce y amargo en la piel suave y cuidada de nuestro teatro. Como espectadores desearíamos que el desgarrón aumentara, que la brecha se extendiese y que saliera a la superficie la carne viva en la que se ve latir la sangre y se adivina el alma (119).

Desafortunadamente, la censura trató de atajar tal «desgarrón», y *Escuadra hacia la muerte*, estrenada en el María Guerrero, el segundo de los Teatros Nacionales de Madrid (el 18 de marzo de 1953), fue suspendida tras su tercera presentación. No obstante, dentro de la Oposición a la dictadura, tal prohibición dio un carácter mítico a tal obra y, a medida que iba creciendo la disidencia en la sociedad española, se sucedieron representaciones de ella al margen del Establecimiento teatral y ediciones de la pieza.

La prohibición, aunque inesperada, ya que había pasado el permiso de la censura, posiblemente tuvo que ver más con sus sentidos latentes manifestados al ser representada y no captados al ser leída la obra por los censores. La acción tiene lugar, en plena tercera guerra mundial, en un innominado lugar de Europa occidental, donde una escuadra de avanzada (cinco soldados y un cabo, con nombres traducidos al español, pero con sus apellidos de otros países europeos) espera ser la fuerza de choque de una inminente ofensiva de unas hordas «amarillas», en una no tan velada alusión a la Rusia o la China comunista que agradaría a los censores. Hasta podría verse, por el detallado cuidado realista con que se presenta la disciplina, las ordenanzas y la parafernalia militar, como una pieza de tema bélico universal (Recordemos que Sastre había hecho el servicio militar poco antes de escribir la pieza). Dentro del enfoque militarista el duro cabo legionario, Goban, al frente de la escuadra, hasta aparecería como una personificación del ideal del hombre falangista, «mitad monje, mitad soldado», con palabras del fundador de la Falange. En ocasiones, sus duras palabras –ironía aparte– responden a la mitificada imagen del héroe militar franquista-falangista, «cara al sol» y «firme el ademán»:

>...Este es el traje de los hombres: un uniforme de soldado. Los hombres hemos vestido siempre así, ásperas camisas y ropas que dan frío en el invierno y calor en el verano... Correajes... El fusil al hombro... Lo demás son ropas afeminadas... La vergüenza de la especie...( )

Sin embargo, a medida que avanzaba la acción, se veía como, sobre las tablas del teatro nacional María Guerrero se iba abriendo el desgarrón que advirtiera Ignacio Aldecoa y que la obra, en su sentido dialéctico, era una negación de —como expresara su autor años después— «la validez de las grandes palabras con que en las guerras se camufla el horror; una negación, en ese sentido, de heroísmo y de toda la mística de la muerte», que era, precisamente, lo que ensalzaban las películas militaristas del Régimen producidas después de la guerra, tales como *Raza*, escrita por el propio

Franco, y *¡A mi la legión!* Recordemos el grito de tal mística que dio el general de la legión, Millán Astray para callar a Unamuno en la propia Universidad de Salamanca: «Muera la inteligencia ¡Viva la Muerte!». El desprecio con que el cabo legionario injuria a Javier, el «profesor», como irónicamente recalca, despierta ecos de aquel enfrentamiento.

Escrita entre 1951 y 1952, en plena guerra de Corea, *Escuadra hacia la muerte*, en años recientes ha ganado actualidad con el referente de las guerras de Irak y de Afganistán, en cuya defensa se vuelve a airear lo que la pieza de Sastre venía a negar. De nuevo, nos encontramos con un caso en que la realidad supera a la ficción: con frecuencia, en las noticias actuales vemos soldados acusados y castigados de crímenes mayores que los cometidos por los seis militares, incluyendo al cabo, inventados por la imaginación de Sastre: soldados que matan a sus propios oficiales o, para vengarse, a soldados enemigos prisioneros o a civiles, violan a mujeres, se suicidan o huyen despavoridos del campo de batalla... Los horrores de la guerra que trastornan a tantos de los que en ella participa. Curiosamente, este sentido, diluido del pensamiento existencialista que envuelve a la pieza teatral, aparece más manifiesto en una versión de Televisión española, realizada en el año 2006, y donde la acción se traslada desde los campos de Europa al desierto, en una alusión implícita a las guerras actuales del Medio Oriente. En esta filmación sí se incorporan algunos elementos escenográficos del cine y del maquinismo como los que propusiera Nieva.

Pierde mucho, no obstante, esta versión en la pequeña pantalla al ser sacada de su contexto histórico y al distanciarla de la presencia real, inmediata, viva de los seis personajes, viviendo su tragedia, a dos pasos de un público, el cual en las fechas de su estreno tenía muy vivas en su memoria y en sus cuerpos las huellas de la guerra civil. La escena-clímax de la primera parte, en que los soldados borrachos se abalanzan y ultiman al cabo, que ha herido a uno de ellos, es de gran violencia (anticipa las brutales escenas de la orgía de los mendigos borrachos, que culmina con la violación de Viridiana, en la película de Buñuel): nos remite, en el subtexto, como quizá también la pelea de los vecinos en la pieza de Buero Vallejo, a la violencia de los enfrentamientos de nuestra guerra civil. Por su parte, la muerte del cabo por los soldados insurrectos quizá fuera la última gota que ganara la censura a la obra: ya que podría verse como una invocación al tiranicidio.

En la segunda parte, lo que pudiera haber devenido una denuncia explícita del militarismo y de la guerra o un llamado a la paz (cosa que no hubiera pasado la censura en un primer lugar, y que tampoco contemplaba el propio autor, antes de su transformación al pensamiento marxista, lo cual traería a su obra teatral posterior finales esperanzadores), se convierte en una guerra dentro de las conciencias individuales de los personajes: «Muerte el perro —y contra lo que afirmara uno de ellos, Adolfo— no se acaba la rabia». Tras un breve tiempo de alivio y unidad, esta rabia aflora entre ellos y, lo que es peor, se revuelve dentro de ellos mismos. La crítica ha destacado —en ensayos y hasta en una tesis doctoral— lo que esta obra tiene de drama existencialista, apelativo, el de «teatro existencialista», que el propio Sastre rechazara, aunque la crítica considere a *Escuadra hacia la muerte* como una de las más representativas del teatro existencialista europeo.

No es difícil advertir que la militar escuadra hacia la muerte, sacudida con la muerte del cabo, su sujeción a las ordenanzas del cuerpo militar, se metamorfosea en un grupo de individuos viviendo (en una situación límite, alienados, y aislados entre sí, cada uno cargando con sus culpas, el pensamiento de «su crimen y castigo», absorbidos por su inautenticidad) su condición de «ser para la muerte», dentro de la definición heideggeriana del hombre, y a través del pensamiento de Sastre, abocados al absurdo y a la Nada. Adolfo huye, ¿de sí mismo?, Andrés se desploma no pudiéndole seguir, Javier, quien fuera profesor de metafísica, en una época, por otra parte también de muerte de esta filosofía, se suicida...

Dentro de la visión del mundo del existencialismo, hasta la muerte del, todopoderoso, cabo Goban (ya varios críticos, Farris Anderson, Leonard C. Pronko y Anthony M. Pasquariello han señalado su posible paralelo con el Ser Ominipotente) podría interpretarse como una escenificación alegórica de aquel pensamiento de Sartre de que Dios está igualmente solo y su angustia es parecida a la del hombre (de hecho casi siempre vemos al cabo en su soledad) y más, específicamente, de que el hombre llega a matar a Dios para que no le separe de los hombres. No cabe duda de que sobre esta pieza, con alusiones religiosas, planea el dictum nietzschiano de «La muerte de Dios». En la última escena, donde por fin encontramos un diálogo fraternal (el ser para la muerte, momentáneamente sobreseído por el ser para el otro), entre los dos soldados que quedan sobre el escenario, Pedro, quien ha asumido la responsabilidad de sus actos, y Luis, el más joven, quien no participó en el crimen del cabo, por estar de guardia, parece haber una alusión al silencio divino:

    Luis. —Pedro y todo esto, ¿por qué? ¿Qué habremos hecho antes?...
    Pedro. —¡Bah! No hay que preguntar. ¿Para qué? No hay una respuesta. El único que podía hablar está callado.

Denuncia de la guerra y el militarismo, aunque en forma contradictoria, visión existencialista, mezcla de cristianismo y existencialismo a lo Kierkegaard (como apunta César de Vicente y cuando todavía Sastre no había evolucionado del cristianismo al marxismo), pieza de una cierta raigambre falangista, como un tanto tergiversadamente apunta Gregorio Morán... Como vemos, la pieza se presta a diferentes planteamientos ideológicos. Muy acertadamente, el propio Alfonso Sastre declaró en una ocasión: «En *Escuadra hacia la muerte* no se dan respuestas, pero al menos se bucea en las raíces de las trágicas preguntas». Lo que sí se da, se ve y se siente, claramente, en el escenario y en la lectura con el inexorable desarrollo de la tragedia, descarnada y rigurosamente es cómo la corriente del dolor, de la tortura, de lo horrible vivido por los personajes nos alcanza, nos sacude a nosotros, que hemos sido envueltos, como a los personajes que van desapareciendo destruidos por la tragedia; envueltos en ese oscurecimiento con que terminan todos los cuadros y el descenso final del telón, produciendo, en el espectador, esa mezcla de horror y de piedad, esa purificación que constituye la catarsis aristotélica y sobre lo que el mismo Sastre se extendió en un ensayo, «Tragedia y sociedad», publicado por las mismas fechas del estreno en *la Revista española* (101-106). A propósito de tal purificación que se da en el espectador de la tragedia apunta ya en tal texto, «¿Y después? Después –a veces–, una revolución social. O, por lo menos, un socorro social» (105). Quisiera concluir con un ejemplo de tal «purificación» sentida por uno de los espectadores de aquel estreno, Ignacio Aldecoa, en palabras que tan bien casan para la «tragedia social» que vivimos hoy en la escena mundial y no sobre las tablas:

> Tras de la *Escuadra* de A.S se oculta el fruto dulce y amargo de nuestro momento histórico. La trágica seguridad de una catástrofe, que huimos imaginar, pero hacia la cual camina el mundo: la

incertidumbre y la desesperanza del hombre de hoy, condenado a formar en una escuadra hacia la muerte, en un mañana próximo quizá: he aquí el tremendo cargamento con que llama a nuestra conciencia la obra de Alfonso Sastre. (*Revista española* 19).

Dentro de ese «tremendo cargamento», aún el rayo de esperanza redentora que algunos críticos ven en la evolución de Pedro y en el diálogo de la última escena queda oscurecido, por las palabras de despedida que éste le dirige a Luis: «Tú te quedas aquí, en este mundo. Quizá ese sea tu castigo... Luis, no tienes que apenarte por nosotros. Apénate por ti..., por la larga condena que te queda por cumplir: tu vida», frases que nos remiten al infierno de *Huis clos*, pero vivido aquí arriba.

Habría que destacar que *Esperando a Godot* (obra clave de todo aquel período y que planea sobre las tres de que me ocupo) se estrenó el mismo año, 1953, que *Escuadra hacia la muerte*, y que por aquello del «espíritu de época», las esperas, tanto en *Historia de una escalera* como en *Escuadra hacia la muerte* (a pesar de las diferencias en formas teatrales entre ellas y con las de Beckett) tienen mucho de la inanidad de la espera a Godot. En 1957, Alfonso Sastre escribió un lúcido ensayo sobre esta obra, «Siete notas sobre *Esperando a Godot*», el cual concluye con unas palabras que también se podrían aplicar a su drama y al de Buero Vallejo, y que apunta a esa «Nada», tan vivida en aquellos años de la sociedad franquista que hasta dio título a la novela de Carmen Laforet, otra de aquellas figuras de la cultura española de Resistencia en los años 40 y 50. Escribía Sastre:

Esperando a Godot captura precisamente ese «no suceder nada» constituyente de nuestra existencia cotidiana. Es, por eso, un cuadro familiar, una placa radiográfica en la que nos reconocemos con horror. La trama de *Esperando a Godot* es, justamente la trama de nuestra vida (*Primer Acto* 9, julio-agosto, 1959, 9)

III - Cementerio de automóviles: Ceremonia de la Pasión entre chatarra.

Tal «trama de nuestra vida», anclada en la de la sociedad española de la «década negra», vivida por Fernando Arrabal en su infancia y adolescencia , y pasada, ahora sí directamente, por el espejo del Absurdo, es lo que él traerá al teatro con la impresionante serie de piezas teatrales, en sorprendente sucesión, que constituyen la primera etapa de su obra, culminando con *Cementerio de automóviles* escrita en 1957: *Pic-Nic*, *El triciclo*, *Fando y Lis*, *Ceremonia por un negro asesinado*, *El laberinto*, *Los dos verdugos*, y *Oración*. Con ellas, creo que se puede afirmar que el «Teatro de Vanguardia», iniciado por el grupo «Arte Nuevo», en la España de posguerra, da un gran salto: se pone en la segunda mitad de los años 50 en la primera línea del nuevo teatro mundial, ¡claro que no en Madrid, sino en París!

«Mi teatro es siempre mi circunstancia», gusta de decir Arrabal, y en aquel primer teatro, en su hondo significado, nos dio la que posiblemente sea la más tremebunda, sobrecogedora, y demoledora expresión literaria y artística no ya sólo de su circunstancia, sino también de la fatídica circunstancia de la España franquista de posguerra. El resultado fue que sus piezas no pudieran ser representadas en aquella España (una primera excepción fue de *Los hombres del triciclo*, en una única sesión, presentada en Bellas Artes, el 29 de enero de 1958 por el Dido Pequeño Teatro, dirigido por Josefina Sánchez Pedreño, una de las impulsoras del

«Teatro Nuevo»), y fuera en el exilio parisino donde su autor triunfara. En cierto modo, con aquellas primeras piezas, escritas y/o concebidas en España, pero estrenadas en el extranjero se da un casamiento entre el exilio y el exilio interior. Con ellas, el teatro español de la posguerra se quita «la mordaza», para usar el título de la obra de Sastre, pero fuera de España.

Cuenta Arrabal que estaba sentando en un Café junto a Beckett cuando le trajeron el libro sobre el grupo de dramaturgos que en aquellos años tomaron como por asalto la escena teatral. «¿Teatro del absurdo? –comentó Beckett– Qué absurdo». Comentario que, en cierto modo, refrenda por duplicado, aquella modalidad teatral que, retomando una experimentación teatral que se remonta a Jarry y los vanguardistas de anteguerras, incluyendo a Joyce, Kafka, Artaud y el surrealismo, vendría a superarla, poniéndola a la altura o –mejor dicho– bajura de los catastróficos tiempos vividos entre los años '30 y '40. En el fundamental libro de Martin Esslin, *The Theatre of the Absurd* (1961), junto a los iniciadores de este teatro, Beckett, Ionesco, Adamov, Genet, aparece Fernando Arrabal (y también el catalán Manuel de Pedrolo, quien no alcanzara el posterior relieve del melillense), en unión de otros nombres que, como el propio Arrabal, llevarán al teatro, a partir de los años '60, por otras nuevas sendas: el Nobel Harold Pinter, Dino Buzzati, Edward Albee y Günter Grass, que se pasaría a la novela y también obtendría el Premio Nobel. Destaco esto para señalar el gran calibre de aquel grupo de autores de la posguerra y también del libro que los estudiara en conjunto. Como resumen de la importancia de la innovación teatral y creadora del «Teatro del Absurdo», Martin Esslin señala atinadamente que los presupuestos de la angustia, el absurdo y la irracionalidad de la condición humana, que los existencialistas como Sartre y Camus presentan en lenguaje discursivo y elegante al expresar los nuevos contenidos mediante las viejas convenciones teatrales, el Teatro del Absurdo igualmente les venía a tratar, pero logrando una unidad entre las tales asunciones de lo irracional y sin sentido y las nuevas las formas en que ahora las expresaban.

Elijo *Cementerio de automóviles* pues cierra la primera etapa de Arrabal, de lleno dentro de tal teatro del absurdo, y la abre a sus posteriores experimentaciones, de mayor envergadura y ya bajo el rótulo del grupo Pánico. Significativamente, el gran impacto de *Cementerio de automóviles* lo tuvo con su montaje en París, realizado por el genial director de escena, Víctor García, en vísperas de los mayos del '68 (Véase el detallado estudio de tal montaje realizado por Odette Aslan). Aquí sí encontramos un montaje con las últimas técnicas escenográficas que dan al texto una asombrosa espectacularidad con multitud de extraordinarios elementos paraverbales y en un ámbito escénico en que quedaba abolida la diferencia entre escenario y sala, haciendo que los espectadores formasen parte de la ritualista ceremonia teatral. En la representación, Víctor García se servía de un montaje del texto de *Cementerio* junto a otros de la primera etapa, *Oración*, a modo de prólogo, y *Los verdugos*, intercalado al final del primer acto, y *La comunión*, ya «ceremonia pánica», intercalada en el segundo acto. Con tal montaje (que resaltaba el aspecto ceremonial y ritualista de *Cementerio*, fundiendo sus dos etapas) y obra, el teatro de Arrabal venía a ponerse en la línea de los grandes dramaturgos y grupos teatrales internacionales del momento que llevaban a la escena, en forma ritualista, la gran conmoción y sacudida social y cultural de los años 60 que tuviera su culminación en aquellos mayos del '68: el «Living Theater», de Julian Beck y Judith Malina, Grotowsky y Peter Weiss, entre otros.

Se puede volver aplicar al teatro de Arrabal la frase que ya cité de Maurice Nadeau respecto al de Beckett, en cuanto a su originalidad «reside en su capacidad de revestir a la tragedia con los ropajes de la farsa». De hecho la farsa de su primera obra, el campo de batalla convertido en un lugar de picnic, concluye en una devastadora tragedia: «Una ráfaga de ametralladora los siega a los cuatro. Caen al suelo, muertos». Y *El triciclo* termina con Apal y Climando, andando esposados y con el Guardia-Jefe y el otro Guardia a los costados de ellos: algo así como terminaba Antoñito el Camborio en el romance lorquiano: «viene sin vara de mimbre / entre los cinco tricornios», o como llevaban preso al propio padre de Arrabal, militar no sublevado, detenido en Melilla y condenado a cadena perpetua, pues, de hecho aquellas piezas del absurdo se alimentan de las propias raíces de la vida del autor. En *Cementerio,* y como me extenderé más adelante, la farsa y tragedia se elevan a la analogía con la Pasión de Cristo: también emblemática de los sufrimientos vividos por Arrabal en la infancia y adolescencia y, en un sentido alegórico, por toda la sociedad española durante la guerra y la posguerra.

De hecho, tal Pasión y sufrimiento colectivo se intensifica en el montaje de Víctor García, el cual culminaba con una impresionante procesión cruzando y cargando con el ensangrentado cuerpo del protagonista Emanu (¿Emmanuel, Cristo?), llevado a una nueva crucifixión. Lo cual en la memoria del autor podría remitir al final del «Calvario» vivido por su padre: atravesando, en pijama y por la noche, escapado de un manicomio, la meseta castellana cubierta de nieve, para desaparecer y no volverse a saber de él: el «teatro de la crueldad» nace en Arrabal de su propia circunstancia.

Pero éste teatro se nos presenta enzarzado –de aquí su

originalidad– en «un nuevo estilo cómico», tan destacado por la crítica. Un estilo que tendría su antecedente hispano en el humor de Gómez de la Serna, continuado por Jardiel Poncela, Mihura, el de *La Codorniz* y el de Gila en la radio, alegrando con sus chistes aquellos sombríos tiempos de los años 40: todo un humor con sus ribetes anticipadores del absurdo, pero de una tendencia escapista, y que no cala en el terror que es lo que subyace bajo el de Arrabal. Más vinculado estaría éste al «humor negro» surrealista, con su otra línea hispánica, la de Buñuel y el antecedente de Goya y «La España negra», que salta a la vida en los años '40. «El perro semihundido» de Goya podría muy bien haber sido un protagonista de una pieza de Arrabal.

Ya el propio Beckett destacó su originalidad por la profunda raíz española: «Un escritor español que en el breve espacio de diez años se ha izado en la primera fila de los dramaturgos de hoy y ello por la fuerza de un talento profundamente español». ¡Y aun así hay críticos como Francisco Ruiz Ramón que lo «expulsa», tal es la palabra que usa, de su influyente *Historia del Teatro español*. Es bastante peregrina la explicación que el crítico da en la segunda edición de su libro (1980), en unas páginas que se las prohibieron publicar en la primera de octubre de 1975 (¡Arrabal prohibido hasta un mes antes de la muerte del dictador! No por nada el escribiera su «Carta al general Franco»), y en las que declara que se ocupará de Arrabal cuando se publique su teatro y se represente primero en español y no en francés y concluye: «Y Arrabal *es* Arrabal en francés. En español sería... ¿quién?». De aquí que, frente a exabruptos como éste, el propio Arrabal se afirme tanto en lo de ser un autor español exiliado. En conversación con Amando Carlos Isasi y contestando precisamente a eso de que varios críticos españoles le niegan a él tal identidad, le recomienda:

«Lee mi teatro de nuevo y verás que está muy influido por la vida española, por los fantasmas de nuestra niñez» (222).

Y pocas veces, si alguna, habrán encarnado en la escena teatral como lo han hecho en la suya, aquellas palabras de Rilke a un joven poeta: «Aun cuando estuviese usted en una prisión cuyas paredes no dejaran llegar hasta sus sentidos ninguno de los rumores del mundo, ¿no le quedaría siempre su infancia, esa riqueza preciosa, imperial, esa arca de los recuerdos? Vuelva a ella su atención». Muy atinadamente, ya Martin Esslin vio que lo absurdo en el mundo de Arrabal, deriva —y traduzco— «de que sus personajes ven la situación humana con "incomprehensibles" ojos de simplicidad infantil. Como niños, son crueles a menudo, porque falla a comprender o darse cuenta de la existencia de una ley moral, y como niños sufren la crueldad del mundo como una aflicción sin sentido» (193). También habla Esslin, a propósito de *Pic-nic* de «una comedia chaplinesca» en las primeras piezas de Arrabal, pero sin la cualidad redentora del «final feliz», conteniendo una mezcla, «altamente perturbadora de inocencia y crueldad, tan característica de Arrabal».

Lo de chaplinesco también se podría extender a *Cementerio de automóviles*. La crítica ya ha señalado lo que su protagonista, Emanu, tiene de Charlot; de su inocencia, ternura y fragilidad, frente a la brutalidad del mundo que le rodea. Encontramos en *Cementerio de automóviles* una intertextualidad implícita con *Tiempos Modernos* de Chaplin: allí veíamos al protagonista encadenado en la cinta sin fin de una fábrica, ¿de piezas de automóviles?, de la que es despedido, pero también liberado. En *Cementerio de automóviles*, también cementerio de la razón tecnológica, tan satirizada en el film de Chaplin, la sátira es ya de la sociedad de consumo y del espectáculo: la fábrica ha devenido un amasijo de chatarra, ¿el destino de tal sociedad? Se podría decir que en el escenario presenciamos una nueva «Danza de la Muerte» de esa sociedad, con esqueletos..., pero de automóviles, pues los humanos, ignorado tal destino, se refugian en sus carroñas automovilísticas como si fueran mansiones o casas de citas, relegados a sus más primordiales necesidades fisiológicas y triviales regurgitaciones verbales, atendidos por el servicial Milos, quien personifica en uno aquello del «amo y el criado», y con sus telescopios oteando el espectáculo de una Pasión a la que su deshumanización, de y en la sociedad del espectáculo, le has hecho inmunes y ajenos.

(Con tal campo de chatarra, por otra parte, Arrabal nos dio ya un monumento del «arte basura» tan de actualidad. Los inservibles coches nos recuerdan, también, a los cubos de basura de la obra de Beckett, *Fin de partida*, por la forma en que se asoman y se hunden los personajes en ellos, también oteando un espectáculo absurdo con sus catalejos).

Sobre tal campo de ruinas, materiales y humanas, aparece el chaplinesco Emanu, con sus dos acompañantes, formando un trío que, igualmente, remite a los Hermanos Marx y al subtexto de la Pasión, al propio Cristo con dos de sus apóstoles (uno de los cuales Topé le traicionará y otro Foder, el mudo, le negará), aunque, «en realidad» se trate de tres músicos de jazz beatniks. En un sentido generacional internacional, el Arrabal de los años '50 coincide en muchos aspectos de su propuesta de rechazo del opresor orden/desorden establecido y de liberación con el grupo de escritores beatniks norteamericanos. El hecho de que sus tres personajes sean músicos de jazz, acentúa tales coincidencias que apuntan al movimiento de los hippies de los años '60. De hecho, la protagonista Dila tiene mucho de aquellas jóvenes hippies que ponían tan en práctica lo de

«Haz el amor y no la guerra».

Dentro de tal contexto y de lo que tiene la obra de ceremonia alusiva a la Pasión de Cristo, viene muy a propósito el agudo comentario de Vicente Aleixandre en carta a Arrabal: «El conocimiento que usted aporta se halla teñido de una luz moral que está en la materia misma de su arte y que con su poder decide la última originalidad de este ejemplar teatro suyo» (*Fernando Arrabal* 233). «Luz moral» que destella en esta versión del ceremonial de la Pasión de Cristo, vista con la inocencia de unos «ojos infantiles», los de un niño entregado a «juegos prohibidos», pero contada, por un dramaturgo que a sus 25 años, los que tenía cuando la escribió, ya ha alcanzado su «madurez» artística.

El primer acto termina con Emanu y sus dos «discípulos» huyendo de la policía y el segundo comienza con el tema —tantas veces repetido en la Historia desde la Biblia— de pagar a alguien para que denuncie a otro, en este caso a Emanu porque toca la trompeta para los pobres y aspira a ser bueno. El segundo acto culmina con el prendimiento de Emanu, por Lasca y Tiosido, el atleta y su entrenadora, convertidos en policías, le esposan y luego se le llevan atado en la cruz de una bicicleta. En estas escenas se yuxtaponen los quejidos de Emanu con el llanto de un niño recién nacido. ¿Anunciado un nuevo alumbramiento feliz? Atado, Emanu, cubierto de sudor y de sangre, atraviesa el escenario y se para en el centro, lo que aprovecha Dila para enjugarle el rostro con un paño, y él con un «esfuerzo supremo» vuelve a repetir de carrerilla, pero ahora en un murmullo su mensaje sobre la alegría de ser bueno. En su postrer abatimiento nos recuerda al Cristo del Evangelio en aquel momento en la cruz del «Dios mío, Dios mío, ¿por qué me has desamparado?». Algo parecido se debió repetir el niño Fernandito, en su confusión, con relación al desamparo en que le dejó su padre.

Muy acertadamente, se extiende Diana Taylor, en la introducción a su edición de *El cementerio*, sobre el significado de la identificación de Emanu con Cristo, a partir de la escena VII de la obra, que advierte como el «primer diálogo auténtico» de ésta. Contrario a otros críticos que no han sabido entender, en su sentido profundo, lo que consideran «tratamiento burlesco de la pasión de Cristo» o lo ven como parodia, Diana Taylor asevera que «la identificación entre Cristo y Emanu yace, no en su origen divino, sino en su capacidad de sufrimiento» es el chivo expiatorio (30). Emanu, el único, dentro en aquella sociedad que se regodea en su basura, que anhela ser bueno y es por ello tomado como el chivo expiatorio que tal sociedad exige. Recomiendo se lea su profundo análisis en el que interpreta la comparación de Emanu con Cristo, no como hijo de Dios, sino en su rol de víctima, y en función de lo estudiado por Pierre Girard sobre la relación entre lo sagrado y la violencia (una relación llevada al teatro por Arrabal, y en la estela de Artaud y de Genet, y hasta sobrepasándolos) y de su destino trágico con el de Edipo y el Hamlet (31-35). Y para terminar, y en una línea parecida, y dentro de la dimensión primeramente destacada por Aleixandre, cito estas palabras de Teresa Valdivieso sobre el Emanu/Cristo: «El cristo arrabaliano viene a denotar cierta necesidad psíquica de inconsciencia colectiva o individual, del cuidado paterno o de amor universal, de una más alta justicia o de expiación de las culpas» (El intertexto 174). Es significativo que hayan sido dos mujeres, Diana Taylor y Teresa Valdivieso quienes hayan calado en esta dimensión redentora del teatro de Arrabal, y que, por lo que éste tiene de biográfico, nos alejan de esa imagen del generalizado tópico de un Arrabal megalómano, provocador, exhibicionista...

Y dejo a los lectores y lectoras de la pieza que gocen de

ella como texto literario e imaginado cual sería el montaje más adecuado, el que pusiera al descubierto sus múltiples significados, a veces tan contradictorios; que hagan esto con la pieza de Arrabal y con las otras dos que reproducimos, la de Buero Vallejo y la de Alfonso Sastre. Sólo añadiré que Arrabal, tan negado y vilipendiado durante la dictadura, al igual que varios otros escritores y artistas del primer exilio (como Francisco Ayala y Eugenio Granell, para poner sólo dos ejemplos), ha sido plenamente reconocido y premiado en la España actual. Sus obras se representan y celebran por doquier y sus ediciones se suceden.

Bibliografía

I. General.

A.A., *Teatro de vanguardia. 15 obras de Arte Nuevo.* Madrid: Ediciones Perman, 1949.

Esslin, Martin. *The Theatre of the absurd.* Londres: Eyre Spotiswoode, 1962.

Forys, Marsha. *Antonio Buero Vallejo and Alfonso Sastre. An Annotated Bibliography.* The Scarecrow Press, Metuchen, N.J y Londres: 1988.

Gabriele, John. *El teatro español del siglo XX y su contexto.* Vervuert-Iberoamericana, frakfurt-Madrid, 1994.

García Ruiz, Víctor, «El teatro español entre 11945 y 1950», *Historia y Antología del teatro español de posguerra.* Vol. II 1945-1950. Madrid: Espiral/Fundamentos, 2003. 11-134.

Gordón, José. *Teatro experimental español.* Madrid: Escelicer, 1965.

Gracia García Jordi y Miguel Ángel Ruiz Carnicer. *La España de Franco (1939-1975).* Madrid: Editorial Síntesis, 2001.

Innes, Christopher. *El teatro sagrado. El ritual y la vanguardia.* México: Fondo de Cultura Económica, 1992. (Las páginas 235 a 239 está dedicadas al teatro de Arrabal).

Isasi Angulo, Amando Carlos. *Diálogos del teatro español de la Postguerra*. Editorial Ayuso: Madrid, 1974.

Lukacs, Georg. *La crisis de la filosofía burguesa*. Editorial La Pleyade, 1960.

Morán, Gregorio. *El maestro en el erial: Ortega y Gasset y la Cultura del franquismo*. Barcelona: Tusquets, 1998.

Rojas, Carlos. *Muera la inteligencia. ¡Viva la Muerte! Salamanca 1936. Unamuno y Millán Astral frente a frente*. Barcelona: Planeta, 1996.

II. Antonio Buero Vallejo

(Es extensísima la Bibliografía sobre el dramaturgo. Recomendamos la «Bibliografía esencial comentada», de la edición de *Historia de una escalera* de Virtudes Serrano y las que aparecen en los libros de la selección de títulos esenciales que presentamos).

A.A., *Antonio Buero Vallejo.Premio Miguel de Cervantes (1986)*. Barcelona: Anthropos, 1987

Buero Vallejo, Antonio. *Historia de una escalera*. Quincuagésima segunda edición. (ed. Virtudes Serrano). Madrid: Espasa-Calpe, 2005

―――――. *Obras completas*. (eds.). Luis Iglesias Feijoo y Mariano de Paco. Madrid: Espasa-Calpe, 1994.

―――――. *Documentos* de Historia de una escalera. Madrid: s.f.

Cuevas García, Cristóbal. Ed. *El teatro de Buero Vallejo. Texto y Espectáculo*. Barcelona: Anthropos, 1990.

Laín Entralgo, Pedro. «La esperanza trágica». *Antonio Buero Vallejo Literatura y filosofía*. 53-55.

Leyra María (coord.). *Antonio Buero Vallejo. Literatura y filosofía*. Madrid: Complutense, 1998.

_____. Luis, Leopoldo de. «Una generación amarga». *La Razón* (30 mayo 2000): 45.

O'Connor, Patricia. *Antonio Buero Vallejo en sus espejos*. Madrid: Fundamentos, 1996.

_____. Ed. *Antonio Buero-Vallejo. Four Tragedias of Conscience. Story Of a Stairway. Before Dawn. The Basement Window. Misión to the Deserted Village*. Boulder: University of Colorado, 2000.

Paco, Mariano de (ed.). *Estudios sobre Buero Vallejo*. Murcia: Universidad de Murcia, 1984.

_____. Y Francisco Javier Diez Revenga (eds). *Antonio Buero Vallejo Dramaturgo universal*. Murcia: CajaMurcia, 2001.

Ruggeri Marchetti, Magda. *Il teatro di Antonio Buero Vallejo o il processo verso la veritá*. Roma: Buzón, 1981.

Serrano Virtudes y Mariano de Paco. *Antonio Buero Vallejo: La realidad iluminada*. Madrid: Fundación de Cultura y Deporte de Castilla-La Mancha, 2000.

III. Alfonso Sastre

(De los tres dramaturgos, Alfonso Sastre es el que tiene una menor bibliografía crítica, aunque también es extensa dada su larga trayectoria. Me limito a una selección representativa. En los libros que incluyo se encuentra una amplia bibliografía sobre su obra teatral y crítica).

AA. VV. *Alfonso Sastre*. Madrid: Taurus, «El mirlo blanco», 1964.

―――――――. *Alfonso Sastre Noticia de una ausencia*. Cuadernos *El Público*. 38 (diciembre 1988).

Aldecoa, Ignacio. «Hablando de *Escuadra hacia la muerte*». *Revista española* 1 (mayo.junio 1953): 119

Ascunce. José Ángel (coord.). *Alfonso Sastre en el laberinto del drama*. Hondarribia: Hiru, 2007.

Amoros, Andrés, Marina Mayoral y Francisco Nieva. «Escuadra hacia la Muerte (1953). Propuesta escénica para *Escuadra hacia la muerte*», en su *Análisis de cinco comedias. Teatro español De la postguerra*. Madrid: Castalia, 1977. 54-95.

Bilyeu, Gary E. «Alfonso Sastre´s *Escuadra hacia la muerte*: An *Existencial Interpretation. Proceedings of the Pacific Conference on Foreign Languages*.» (24 de mayo 1973): 112-118.

Caudet, Francisco. *Crónica de una marginación. Conversaciones con Alfonso Sastre*. Madrid: Ediciones De la Torre, 1984

―――――――. y Pilar Nieva de la Paz (eds.). *Alfonso Sastre. De la polémica al ensayo (Teoría dramática, crítica teatral y poesía*. Barcelona: Suplementos. Anthropos. 30 , 1982.

de Vicente Hernando, César. «Estudio preliminar de Alfonso Sastre», en *Uranio 235/Escuadra hacia la muerte/La sangre y la ceniza*, Hondarribia: Hiru (en prensa).

Paco, Mariano de. *Alfonso Sastre*. Murcia: Universidad de Murcia, 1993.

Pasquariello, Anthony M. «Alfonso Sastre y *Escuadra hacia la muerte*». *Hispanofila* (15 de mayo de 1962): 57-63.

Ruggeri Marchetti, Pilar. *Il teatro de Alfonso Sastre*. Roma: Bulzoni, 1975.

Sastre, Alfonso. «Tragedia y sociedad». *Revista Española* 1 (mayo-junio 1953): 101-106.

——————. *Drama y sociedad*. Madrid: Taurus, 1956.

——————. «Siete notas sobre *Esperando a Godot*. *Primer Acto* 1» (abril 1957): 46-52.

——————. *Escuadra hacia la muerte*. Ed. Anderson Farris: Madrid: Castalia, 1975.

——————. *Escuadra hacia la muerte*. Ed. Joan Estruch Tobella. Madrid: Alhambra, 1986

——————. *Escuadra hacia la muerte*. Hondarribia: Hiru, 1995.

——————. *Uranio 235/Escuadra hacia la muerte/La sangre y la ceniza*. Tres Cantos: Akal (En prensa)

Villegas, Juan. «La sustancia metafísica de la tragedia y su función social: *Escuadra hacia la muerte* de Alfonso Sastre». *Symposium* 21.3 (Otoño 1967): 255-263.

III. Sobre Fernando Arrabal

(Las dos últimas –recientísima la segunda–, ediciones de su *Teatro completo* tienen comprehensivos estudios y detalladas Bibliografía sobre la extensa obra crítica en torno a su teatro, a cargo de Fernando Torres Monreal. A ellas y sus estudios me remito. Me limito a algunos títulos esenciales y varios referentes a *Cementerio de automóviles*).

Arrabal, Fernando. *Teatro Completo*. I y II. (ed.) Francisco Torres Moreal. Madrid: Espasa-Calpe, 1997.

——————. *Teatro Completo*. I y II. León: Ediciones Everest, 2009.

——————. *El cementerio de automóviles. El arquitecto y el Emperador de Asiria*. Ed. Diana Taylor. Madrid: Cátedra, 1984.

——————. *Fernando Arrabal*. Eds. Ángel y Joan Berenguer. Madrid: Editorial Fundamentos, 1979. (Se recogen aquí una serie de importantes artículos, de «lo mejor» escrito hasta aquellas fechas).

Aslan Odette. «*Le cimetière des voitures*: un spectacle de Víctor García, a Partir de Quatre pieces d'Arrabal», en Jean Jacquot, *Les vois de la creation Theatrale*. París, 1970. 309-340 (extenso estudio ilustrado con gráficos Escénicos y fotografías).

Ferrán, Jaime. «Hacia el teatro absurdo de la postguerra: Arrabal y Pedrolo». *Cuadernos de Aldeeu*. 1 (1983): 17-25.

Franco, Andrés. «Diálogo con un exiliado: F. Arrabal». *Insula* 366 (1977).

Luce, Louise-F. «The Dialectic of Space: Fernando Arrabal`s *The Automobile Graveyard*». *Journal of Spanish Studies: Twentieth Century*. 2 (1974): 31-37.

Schiffres, Alain. *Entretiens avec Arrabal*. París: Pierre Belfond, 1969

Taylor, Diana. «Teoría dramática de Fernando Arrabal». «El cementerio de Automóviles», en *El cementerio de automóviles y el Emperador de Asiria*. 15-23 y 24-35.

Tirado, Pilar del Carmen. «El espectador en *El cementerio de automóviles*». *Inti :Revista de Literatura Hispánica* 34-35 (1991-1992): 169-176.

Valdivieso, Teresa. «El intertexto como principio figurativo en el teatro de Fernando Arrabal y Agustín Gómez Arcos», en Alfonso de Toro y

Wilfried Floeck, *Teatro español contemporáneo: autores y tendencias*. Kassel: Editio Reichenberger, 1995. 167-190.

Historia de una escalera

Drama en tres actos

Premio Lope de Vega de 1949

Antonio Buero Vallejo

Porque el hijo deshonra al padre, la hija se levanta contra la madre, la nuera contra su suegra: y los enemigos del hombre son los de su casa.

(MIQUEAS, cap. VII, vers. 6.)

Antonio Buero Vallejo

Esta obra se estrenó en Madrid, la noche del 14 de octubre de 1949, en el Teatro Español, con el siguiente

Reparto

Cobrador de la luz	José Capilla
Generosa	Adela Carbone
Paca	Julia Delgado Caro
Elvira	María Jesús Valdés
Doña Asunción	Consuelo Muñoz
Don Manuel	Manuel Kayser
Trini	Esperanza Grases
Carmina	Elena Salvador
Fernando	Gabriel Llopart
Urbano	Alberto Boyé
Rosa	Pilar Sala
Pepe	Adriano Domínguez
Señor Juan	José Cuenca
Señor bien vestido	Fulgencio Nogueras
Joven bien vestido	Rafael Gil Marcos
Manolín	Manuel Gamas
Carmina, hija	Asunción Sancho
Fernando, hijo	Fernando M. Delgado

Dirección: Cayetano Luca de Tena
Decorado y vestuario: Emilio Burgos

Derecha e izquierda, las del espectador

Acto primero

Un tramo de escalera con dos rellanos, en una casa modesta de vecindad. Los escalones de bajada hacia los pisos inferiores se encuentran en el primer término izquierdo. La barandilla que los bordea es muy pobre, con el pasamanos de hierro, y tuerce para correr a lo largo de la escena limitando el primer rellano. Cerca del lateral derecho arranca un tramo completo de unos diez escalones. La barandilla lo separa a su izquierda del hueco de la escalera y a su derecha hay una pared que rompe en ángulo junto al primer peldaño, formando en el primer término derecho un entrante con una sucia ventana lateral. Al final del tramo la barandilla vuelve de nuevo y termina en el lateral izquierdo, limitando el segundo rellano. En el borde de éste, una polvorienta bombilla enrejada pende hacia el hueco de la escalera. En el segundo rellano hay cuatro puertas: dos laterales y dos centrales. Las distinguiremos, de derecha a izquierda, con los números I, II, III y IV.

El espectador asiste, en este acto y en el siguiente, a la galvanización momentánea de tiempos que han pasado. Los vestidos tienen un vago aire retrospectivo.

(Nada más levantarse el telón vemos cruzar y subir fatigosamente al Cobrador de la luz, *portando su grasienta cartera. Se detiene unos segundos para respirar y llama después con los nudillos en las cuatro puertas. Vuelve al I, donde le espera ya en el quicio la* Señora Generosa: *una pobre mujer de unos cincuenta y cinco años.)*

Cobrador.—La luz. Dos sesenta. *(Le tiende el recibo. La puerta III se abre y aparece* Paca, *mujer de unos cincuenta años, gorda y de ademanes desenvueltos. El* Cobrador *repite, tendiéndole el recibo.)* La luz. Cuatro diez.

Generosa.—*(Mirando el recibo.)* ¡Dios mío! ¡Cada vez más caro! No sé cómo vamos a poder vivir.

(Se mete.)

Paca.—¡Ya, ya! *(Al* Cobrador.*)* ¿Es que no saben hacer otra cosa que elevar la tarifa? ¡Menuda ladronera es la Compañía! ¡Les debía dar vergüenza chuparnos la sangre de esa manera! *(El* Cobrador *se encoge de hombros.)* ¡Y todavía se ríe!

Cobrador.—No me río, señora. *(A* Elvira, *que abrió la puerta II.)* Buenos días. La luz. Seis sesenta y cinco.

*(*Elvira, *una linda muchacha vestida de calle, recoge el recibo y se mete.)*

Paca.—Se ríe por dentro. ¡Buenos pájaros son todos ustedes! Esto se arreglaría como dice mi hijo Urbano: tirando a más de cuatro por el hueco de la escalera.

Cobrador.—Mire lo que dice, señora. Y no falte.

Paca.—¡Cochinos!

Cobrador.—Bueno, ¿me paga o no? Tengo prisa.

Paca.—Ya va, hombre! Se aprovechan de que una no es nadie, que si no...

(Se mete rezongando. Generosa *sale y paga al* Cobrador. *Después cierra la puerta. El* Cobrador *aporrea otra vez el IV, que es abierto inmediatamente por* Doña Asunción, *señora de luto, delgada y consumida.)*

Cobrador.—La luz. Tres veinte.

Doña Asunción.—*(Cogiendo el recibo.)* Sí, claro... Buenos días. Espere un momento, por favor. Voy adentro...

(Se mete. Paca *sale refunfuñando, mientras cuenta las monedas.)*

Paca.—¡Ahí va!

(Se las da de golpe.)

Cobrador.—*(Después de contarlas.)* Está bien.

Paca.—¡Está muy mal! ¡A ver si hay suerte, hombre, al bajar la escalerita!

(Cierra con un portazo. Elvira *sale.)*

Elvira.—Aquí tiene usted. *(Contándole la moneda fraccionaria.)* Cuarenta..., cincuenta..., sesenta... y cinco.

Cobrador.—Está bien.

(Se lleva un dedo a la gorra y se dirige al IV)

Elvira.—*(Hacia dentro.)* ¿No sales, papá?

(Espera en el quicio. Doña Asunción *vuelve a salir, ensayando sonrisas.)*

Doña Asunción.—¡Cuánto lo siento! Me va a tener que perdonar. Como me ha cogido después de la compra y mi hijo no está...

*(*Don Manuel, *padre de* Elvira, *sale vestido de calle. Los trajes de ambos denotan una posición económica más holgada que la de los demás vecinos.)*

Don Manuel.—*(A* Doña Asunción.*)* Buenos días. *(A su hija.)* Vamos.

Doña Asunción.—¡Buenos días! ¡Buenos días, Elvirita! ¡No te había visto!

Elvira.—Buenos días, doña Asunción.

Cobrador.—Perdone, señora, pero tengo prisa.

Doña Asunción.—Sí. Sí... Le decía que ahora da la casualidad que no puedo... ¿No podría volver luego?

Cobrador.—Mire, señora: no es la primera vez que pasa y...

Doña Asunción.—¿Qué dice?

Cobrador.—Sí. Todos los meses es la misma historia. ¡Todos! Y yo no puedo venir a otra hora ni pagarlo de mi bolsillo. Conque si no me abona tendré que cortarle el fluido.

Doña Asunción.—¡Pero si es una casualidad, se lo aseguro! Es que mi hijo no está, y...

Cobrador.—¡Basta de monsergas! Esto le pasa por querer gastar como una señora en vez de abonarse a tanto alzado. Tendré que cortarle.

(Elvira *habla en voz baja con su padre.*)

Doña Asunción.—*(Casi perdida la compostura.)* ¡No lo haga, por Dios! Yo le prometo...

Cobrador.—Pida a algún vecino...

Don Manuel.—*(Después de atender a lo que le susurra su hija.)* Perdone que intervenga, señora.

(Cogiéndole el recibo.)

Doña Asunción.—No, don Manuel. ¡No faltaba más!

Don Manuel.—¡Si no tiene importancia! Ya me lo devolverá cuando pueda.

Doña Asunción.—Esta misma tarde; de verdad.

Don Manuel.—Sin prisa, sin prisa. *(Al* Cobrador.*)* Aquí tiene.

Cobrador.—Esta bien. *(Se lleva la mano a la gorra.)* Buenos días.

(Se va.)

Don Manuel.—*(Al* Cobrador.*)* Buenos días.

Doña Asunción.—*(Al* Cobrador.*)* Buenos días. Muchísimas gracias, don Manuel. Esta misma tarde...

Don Manuel.—*(Entregándole el recibo.)* ¿Para qué se va a molestar? No merece la pena. Y Fernando, ¿qué se hace?

*(*Elvira *se acerca y le coge del brazo.)*

Doña Asunción.—En su papelería. Pero no está contento. ¡El sueldo es tan pequeño! Y no es porque sea mi hijo, pero él vale mucho y merece otra cosa. ¡Tiene muchos proyectos! Quiere ser delineante, ingeniero, ¡qué sé yo! Y no hace más que leer y pensar. Siempre tumbado en la cama, pensando en sus proyectos. Y escribe cosas también, y poesías. ¡Más bonitas! Ya le diré que dedique alguna a Elvirita.

Elvira.—*(Turbada.)* Déjelo, señora.

Doña Asunción.—Te lo mereces, hija. *(A* Don Manuel.*)* No es porque esté delante, pero ¡qué preciosísima se ha puesto Elvirita! Es una clavellina. El hombre que se la lleve...

Don Manuel.—Bueno, bueno. No siga, que me la va a malear. Lo dicho, doña Asunción. *(Se quita el sombrero y le da la mano.)* Recuerdos a Femandito. Buenos días.

Elvira.—Buenos días.

(Inician la marcha.)

Doña Asunción.—Buenos días. Y un millón de gracias... Adiós.

(Cierra. Don Manuel y su hija empiezan a bajar. Elvira se para de pronto para besar y abrazar impulsivamente a su padre.)

Don Manuel.—¡Déjame, locuela! ¡Me vas a tirar!

Elvira.—¡Te quiero tanto, papaíto! ¡Eres tan bueno!

Don Manuel.—Deja los mimos, pícara. Tonto es lo que soy. Siempre te saldrás con la tuya.

Elvira.—No llames tontería a una buena acción... Ya ves, los pobres nunca tienen un cuarto. ¡Me da una lástima doña Asunción!

Don Manuel.—*(Levantándole la barbilla.)* El tarambana de Fernandito es el que a ti te preocupa.

Elvira.—Papá, no es una tarambana... Si vieras qué bien habla...

Don Manuel.—Un tarambana. Eso sabrá hacer él..., hablar. Pero no tiene donde caerse muerto. Hazme caso, hija: tú te mereces otra cosa.

Elvira.—*(En el rellano ya, da pueriles pataditas.)* No quiero que hables así de él. Ya verás cómo llega muy lejos. ¡Qué importa que no tenga dinero! ¿Para qué quiere mi papaíto un yerno rico?

Don Manuel.—¡Hija!

Elvira.—Escucha: te voy a pedir un favor muy grande.

Don Manuel.—Hija mía, algunas veces no me respetas nada.

Elvira.—Pero te quiero, que es mucho mejor. ¿Me harás ese favor?

Don Manuel.— Depende...

Elvira. - ¡Nada! Me lo harás.

Don Manuel.— ¿De qué se trata?

Elvira.—Es muy fácil, papá. Tú lo que necesitas no es un yerno rico, sino un muchacho emprendedor que lleve adelante el negocio. Pues sacas a Fernando de la papelería y le colocas, ¡con un buen sueldo!, en tu agencia. *(Pausa.)* ¿Concedido?

Don Manuel.—Pero, Elvira, ¿y si Fernando no quiere? Además...

Elvira.—¡Nada! *(Tapándose los oídos.)* ¡Sorda!

Don Manuel.—¡Niña, que soy tu padre!

Elvira.—¡Sorda!

Don Manuel.—*(Quitándole las manos de los oídos.)* Ese Fernando os tiene sorbido el seso a todas porque es el chico más guapo de la casa. Pero no me fío de él. Suponte que no te hiciera caso...

Elvira.—Haz tu parte, que de eso me encargo yo...

Don Manuel.—¡Niña!

(Ella rompe a reír. Coge del brazo a su padre y le lleva, entre mimos, al lateral izquierdo. Bajan. Una pausa. Trini *—una joven de aspecto simpático— sale del III con una botella en la mano, atendiendo a la voz de* Paca.*)*

Paca.—*(Desde dentro.)* ¡Que lo compres tinto! Que ya sabes que a tu padre no le gusta el blanco.

Trini.—Bueno, madre.

(Cierra y se dirige a la escalera. Generosa *sale del I, con otra botella.)*

Generosa. —¡Hola, Trini!

Trini.—Buenos, señora Generosa. ¿Por el vino?

(Bajan juntas.)

Generosa.—Sí. Y a la lechería.

Trini.—¿Y Carmina?

Generosa.—Aviando la casa.

Trini.—¿Ha visto usted la subida de la luz?

Generosa.—¡Calla, hija! ¡No me digas! Si no fuera más que la luz... ¿Y la leche? ¿Y las patatas?

Trini.—*(Confidencial.)* ¿Sabe usted que doña Asunción no podía pagar hoy al cobrador?

Generosa.—¿De veras?

Trini.—Eso dice mi madre, que estuvo escuchando. Se lo pagó don Manuel. Como la niña está loca por Fernandito...

Generosa.—Ese gandulazo es muy simpático.

Trini.—Y Elvirita una lagartona.

Generosa.—No. Una niña consentida...

Trini.—No. Una lagartona...

(Bajan charlando. Pausa. Carmina *sale del I. Es una preciosa muchacha de aire sencillo y pobremente vestida. Lleva un delantal y una lechera en la mano.)*

Carmina.—*(Mirando por el hueco de la escalera.)* ¡Madre! ¡Que se le olvida la cacharra! ¡Madre!

(Con un gesto de contrariedad se despoja del delantal, lo echa adentro y cierra. Baja por el tramo mientras se abre el IV suavemente y aparece Fernando, *que la mira y cierra la puerta sin ruido. Ella baja apresurada, sin verle, y sale de escena. El se apoya en la barandilla y sigue con la vista*

la bajada de la muchacha por la escalera. Fernando *es, en efecto, un muchacho muy guapo. Viste pantalón de luto y está en mangas de camisa. El IV vuelve a abrirse.* Doña Asunción *espía a su hijo.*)

Doña Asunción.—¿Qué haces?

Fernando.—*(Desabrido.)* Ya lo ves.

Doña Asunción.—*(Sumisa.)* ¿Estás enfadado?

Fernando.—No.

Doña Asunción.—¿Te ha pasado algo en la papelería?

Fernando.—No.

Doña Asunción.—¿Por qué no has ido hoy?

Fernando.—Porque no.

(Pausa.)

Doña Asunción.—¿Te he dicho que el padre de Elvirita nos ha pagado el recibo de la luz?

Fernando.—*(Volviéndose hacia su madre.)* ¡Sí! ¡Ya me lo has dicho! *(Yendo hacia ella.)* ¡Déjame en paz!

Doña Asunción.—¡Hijo!

Fernando.—¡Qué inoportunidad! ¡Pareces disfrutar recordándome nuestra pobreza!

Doña Asunción.—¡Pero, hijo!

Fernando.—*(Empujándola y cerrando de golpe.)* ¡Anda, anda para adentro!

(Con un suspiro de disgusto, vuelve a recostarse en el pasamanos. Pausa. Urbano *llega al primer rellano. Viste traje azul mahón. Es un muchacho fuerte y moreno, de fisonomía ruda, pero expresiva: un proletario.* Fernando *lo mira avanzar en silencio.* Urbano *comienza a subir la escalera y se detiene al verle.)*

Urbano.—¡Hola! ¿Qué haces ahí?

Fernando.—Hola, Urbano. Nada.

Urbano.—Tienes cara de enfado.

Fernando.—No es nada.

Urbano.—Baja al «casinillo». *(Señalando el hueco de la ventana.)* Te invito a un cigarro. *(Pausa.)* ¡Baja, hombre! *(*Fernando *empieza a bajar sin prisa.)* Algo te pasa. *(Sacando la petaca.)* ¿No se puede saber?

Fernando.—*(Que ha llegado.)* Nada, lo de siempre...

(Se recuestan en la pared del «casinillo». Mientras hacen los pitillos.) ¡Que estoy harto de todo esto!

Urbano.—*(Riendo.)* Eso es ya muy viejo. Creí que te ocurría algo.

Fernando.—Puedes reírte. Pero te aseguro que no sé cómo aguanto. *(Breve pausa.)* En fin, ¡para qué hablar! ¿Qué hay por tu fábrica?

Urbano.—¡Muchas cosas! Desde la última huelga de metalúrgicos la gente se sindica a toda prisa. A ver cuándo nos imitáis los dependientes.

Fernando.—No me interesan esas cosas.

Urbano.—Porque eres tonto. No sé de qué te sirve tanta lectura.

Fernando.—¿Me quieres decir lo que sacáis en limpio de esos líos?

Urbano.—Fernando, eres un desgraciado. Y lo peor es que no lo sabes. Los pobres diablos como nosotros nunca lograremos mejorar la vida sin la ayuda mutua. Y eso es el sindicato. ¡Solidaridad! Ésa es nuestra palabra. Y sería la tuya si te dieses cuenta de que no eres más que un triste hortera. ¡Pero como te crees un marqués!

Fernando.—No me creo nada. Sólo quiero subir. ¿Comprendes? ¡Subir! Y dejar toda esta sordidez en que vivimos.

Urbano.—Y a los demás que los parta un rayo.

Fernando.—¿Qué tengo yo que ver con los demás? Nadie hace nada por nadie. Y vosotros os metéis en el sindicato porque no tenéis arranque para subir solos. Pero ese no es camino para mí. Yo sé que puedo subir y subiré solo.

Urbano.—¿Se puede uno reír?

Fernando.—Haz lo que te dé la gana.

Urbano.—*(Sonriendo.)* Escucha, papanatas. Para subir solo, como dices, tendrías que trabajar todos los días diez horas en la papelería; no podrías faltar nunca, como has hecho hoy...

Fernando.—¿Cómo lo sabes?

Urbano.—¡Porque lo dice tu cara, simple! Y déjame continuar. No podrías tumbarte a hacer versitos ni a pensar en las musarañas; buscarías trabajos particulares para redondear el presupuesto y te acostarías a las tres de la mañana contento de ahorrar sueño y dinero. Porque tendrías que ahorrar, ahorrar como una urraca; quitándolo de la comida, del vestido, del tabaco... Y cuando llevases un montón de años haciendo eso, y ensayando negocios y buscando caminos, acabarías por verte solicitando cualquier miserable empleo para no morirte de hambre... No tienes tú madera para esa vida.

Fernando.—Ya lo veremos. Desde mañana mismo...

Urbano.—*(Riendo.)* Siempre es desde mañana. ¿Por qué no lo has hecho desde ayer, o desde hace un mes? *(Breve pausa.)* Porque no puedes. Porque eres un soñador. ¡Y un gandul! (FERNANDO *lo mira lívido, conteniéndose, y hace un movimiento para marcharse.*) ¡Espera, hombre! No te enfades. Todo esto te lo digo como un amigo.

(Pausa.)

FERNANDO.—*(Más calmado y levemente despreciativo.)* ¿Sabes lo que te digo? Que el tiempo lo dirá todo. Y que te emplazo. (URBANO *lo mira.*) Sí, te emplazo para dentro de... diez años, por ejemplo. Veremos, para entonces, quién ha llegado más lejos; si tú con tu sindicato o yo con mis proyectos.

URBANO.—Ya sé que yo no llegaré muy lejos; y tampoco tú llegarás. Si yo llego, llegaremos todos. Pero lo más fácil es que dentro de diez años sigamos subiendo esta escalera y fumando en este «casinillo».

FERNANDO.—Yo, no. *(Pausa.)* Aunque quizá no sean muchos diez años...

(Pausa.)

URBANO.—*(Riendo.)* ¡Vamos! Parece que no estás muy seguro.

FERNANDO.—No es eso, Urbano. ¡Es que le tengo miedo al tiempo! Es lo que más me hace sufrir. Ver cómo pasan los días, y los años..., sin que nada cambie. Ayer mismo éramos tú y yo dos críos que veníamos a fumar aquí, a escondidas, los primeros pitillos... ¡Y hace ya diez años! Hemos crecido sin darnos cuenta, subiendo y bajando la escalera, rodeados siempre de los padres, que no nos entienden; de vecinos que murmuran de nosotros y de quienes murmuramos... Buscando mil recursos y soportando humillaciones para poder pagar la casa, la luz... y las patatas. *(Pausa.)* Y mañana, o dentro de diez años que pueden pasar como un día, como han pasado estos últimos..., ¡sería terrible seguir así! Subiendo y bajando la escalera, una escalera que no conduce a ningún sitio; haciendo trampas en el contador, aborreciendo el trabajo..., perdiendo día tras día... *(Pausa.)* Por eso es preciso cortar por lo sano.

URBANO.—¿Y qué vas a hacer?

FERNANDO.—No lo sé. Pero ya haré algo.

URBANO.—¿Y quieres hacerlo solo?

FERNANDO.—Solo.

URBANO.—¿Completamente?

(Pausa.)

FERNANDO.—Claro.

URBANO.—Pues te voy a dar un consejo. Aunque no lo creas, siempre necesitamos de los demás. No podrás luchar solo sin cansarte.

Fernando.—¿Me vas a volver a hablar del sindicato?

Urbano.—No. Quiero decirte que, si verdaderamente vas a luchar, para evitar el desaliento necesitarás...

(Se detiene.)

Fernando.—¿Qué?

Urbano.—Una mujer.

Fernando.—Ése no es problema. Ya sabes que...

Urbano.—Ya sé que eres un buen mozo con muchos éxitos. Y eso te perjudica; eres demasiado buen mozo. Lo que te hace falta es dejar todos esos noviazgos y enamorarte de verdad. *(Pausa.)* Hace tiempo que no hablamos de estas cosas... Antes, si a ti o a mí nos gustaba Fulanita, nos lo decíamos en seguida. *(Pausa.)* ¿No hay nada serio ahora?

Fernando.—*(Reservado.)* Pudiera ser.

Urbano.—No se tratará de mi hermana, ¿verdad?

Fernando.—¿De tu hermana? ¿De cuál?

Urbano.—De Trini.

Fernando.—No, no.

Urbano.—Pues de Rosita, ni hablar.

Fernando.—Ni hablar.

(Pausa.)

Urbano.—Porque la hija de la señora Generosa no creo que te haya llamado la atención... *(Pausa. Le mira de reojo, con ansiedad.)* ¿O es ella? ¿Es Carmina?

(Pausa.)

Fernando.—No.

Urbano.—*(Ríe y le palmotea la espalda.)* ¡Está bien, hombre! ¡No busco más! Ya me lo dirás cuando quieras. ¿Otro cigarrillo?

Fernando.—No. *(Pausa breve.)* Alguien sube.

(Miran hacia el hueco.)

Urbano.—Es mi hermana.

(Aparece Rosa, que es una mujer joven, guapa y provocativa. Al pasar junto a ellos los saluda despectivamente, sin detenerse, y comienza a subir el tramo.)

Rosa.—Hola, chicos.

Fernando.—Hola, Rosita.

Urbano.—¿Ya has pindongueado bastante?

Rosa.—*(Parándose.)* ¡Yo no pindongueo! Y, además, no te importa.

Urbano.—Un día de éstos le voy a romper las muelas a alguien!

Rosa.—¡Qué valiente! Cuídate tú la dentadura por si acaso.

(Sube. Urbano se queda estupefacto por su descaro. Fernando ríe y le llama a su lado. Antes de llamar Rosa en el III se abre el I y sale Pepe. El hermano de Carmina ronda ya los treinta años y es un granuja achulado y presuntuoso. Ella se vuelve y se contemplan, muy satisfechos. Él va a hablar, pero ella le hace señas de que se calle y le señala el «casinillo», donde se encuentran los dos muchachos ocultos para él. Pepe la invita por señas a bailar para después y ella asiente sin disimular su alegría. En esta expresiva mímica los sorprende Paca, que abre de improviso.)

Paca.—¡Bonita representación! *(Furiosa, zarandea a su hija.)* ¡Adentro, condenada! ¡Ya te daré yo diversiones!

(Fernando y Urbano se asoman.)

Rosa.—¡No me empuje! ¡Usted no tiene derecho a maltratarme!

Paca.—¿Que no tengo derecho?

Rosa.—¡No, señora! ¡Soy mayor de edad!

Paca.—¿Y quién te mantiene? ¡Golfa, más que golfa!

Rosa.—¡No insulte!

Paca.—*(Metiéndola de un empellón.)* ¡Anda para adentro! *(A* Pepe, *que optó desde el principio por bajar un par de peldaños.)* ¡Y tú, chulo indecente! ¡Si te vuelvo a ver con mi niña te abro la cabeza de un sartenazo! ¡Como me llamo Paca!

Pepe.—Ya será menos.

Paca.—¡Aire! ¡Aire! ¡A escupir a la calle!

(Cierra con ímpetu. Pepe *baja sonriendo con suficiencia. Va a pasar de largo, pero* Urbano *le detiene por la manga.)*

Urbano.—No tengas tanta prisa.

Pepe.—*(Volviéndose con saña.)* ¡Muy bien! ¡Dos contra uno!

Fernando.—*(Presuroso.)* No, no, Pepe. *(Con sonrisa servil.)* Yo no intervengo; no es asunto mío.

Urbano.—No. Es mío.

Pepe.—Bueno, suelta. ¿Qué quieres?

Urbano.—*(Reprimiendo su ira y sin soltarle.)* Decirte nada más que si la tonta de mi hermana no te conoce, yo sí. Que si ella no quiere creer que has estado viviendo de la Luisa y de la Pili después de lanzarlas a la vida, yo sé que es cierto. ¡Y que como vuelva a verte con Rosa, te juro, por tu madre, que te tiro por el hueco de la escalera! *(Lo suelta con violencia.)* Puedes largarte.

(Le vuelve la espalda.)

Pepe.—Será si quiero. ¡Estos mocosos! *(Alisándose la manga.)* ¡Que no levantan dos palmos del suelo y quieren medirse con hombres! Si no mirara...

*(*Urbano *no le hace caso.* Fernando *interviene, aplacador)*

Fernando.—Déjalo, Pepe. No te... alteres. Mejor será que te marches.

Pepe.—Sí. Mejor será. *(Inicia la marcha y se vuelve.)* El mocoso indecente, que cree que me va a meter miedo a mí... *(Baja protestando.)* Un día me voy a liar a mamporros y le demostraré lo que es un hombre...

Fernando.—No sé por qué te gusta tanto chillar y amenazar.

Urbano.—*(Seco.)* Eso va en gustos. Tampoco me agrada a mí que te muestres tan amable con un sinvergüenza como ése.

Fernando.—Prefiero eso a lanzar amenazas que luego no se cumplen.

Urbano.—¿Que no se cumplen?

Fernando.—¡Qué van a cumplirse! Cualquier día tiras tú a nadie por el hueco de la escalera. ¿Todavía no te has dado cuenta de que eres un ser inofensivo?

(*Pausa.*)

Urbano.—¡No sé cómo nos las arreglamos tú y yo para discutir siempre! Me voy a comer. Abur.

Fernando.—(*Contento por su pequeña revancha.*) ¡Hasta luego, sindicalista!

(Urbano *sube y llama al III.* Paca *abre.*)

Paca.—Hola, hijo. ¿Traes hambre?

Urbano.—¡Más que un lobo!

(*Entra y cierra.* Fernando *se recuesta en la barandilla y mira por el hueco. Con un repentino gesto de desagrado se retira al «casinillo» y mira por la ventana, fingiendo distracción. Pausa.* Don Manuel *y* Elvira *suben. Ella aprieta el brazo de su padre en cuanto ve a* Fernando. *Se detienen un momento; luego continúan.*)

Don Manuel.—(*Mirando socarronamente a* Elvira, *que está muy turbada.*) Adiós, Fernandito.

Fernando.—(*Se vuelve con desgana. Sin mirar a* Elvira.) Buenos días.

Don Manuel.—¿De vuelta del trabajo?

Fernando.—*(Vacilante.)* Sí, señor.

Don Manuel.—Está bien, hombre. *(Intenta seguir, pero* Elvira *lo retiene tenazmente, indicándole que hable ahora a* Fernando. *A regañadientes, termina el padre por acceder.)* Un día de éstos tengo que decirle unas cosillas.

Fernando.—Cuando usted disponga.

Don Manuel.—Bien, bien. No hay prisa; ya le avisaré. Hasta luego. Recuerdos a su madre.

Fernando.—Muchas gracias. Ustedes sigan bien. *(Suben.* Elvira *se vuelve con frecuencia para mirarle. Él está de espaldas.* Don Manuel *abre el II con su llave y entran.* Fernando *hace un mal gesto y se apoya en el pasamanos. Pausa.* Generosa *sube.* Fernando *la saluda muy sonriente.)* Buenos días.

Generosa.—Hola, hijo. ¿Quieres comer?

Fernando.—Gracias, que aproveche. ¿Y el señor Gregorio?

Generosa.—Muy disgustado, hijo. Como lo retiran por la edad... Y es lo que él dice: «¿De qué sirve que un hombre se deje los huesos conduciendo un tranvía durante cincuenta años, si luego le ponen en la calle?». Y si le dieran un buen retiro... Pero es una miseria, hijo; una miseria. ¡Y a mi Pepe no hay quien lo encarrile! *(Pausa.)* ¡Qué vida! No sé cómo vamos a salir adelante.

Fernando.—Lleva usted razón. Menos mal que Carmina...

Generosa.—Camina es nuestra única alegría. Es buena, trabajadora, limpia... Si mi Pepe fuese como ella...

Fernando.—No me haga mucho caso, pero creo que Carmina la buscaba antes.

Generosa.—Sí. Es que me había olvidado la cacharra de la leche. Ya la he visto. Ahora sube ella. Hasta luego, hijo.

Fernando.—Hasta luego.

(Generosa *sube, abre su puerta y entra. Pausa.* Elvira *sale sin hacer ruido al descansillo, dejando su puerta entornada. Se apoya en la barandilla. Él finge no verla. Ella le llama por encima del hueco.*)

Elvira.—Fernando.

Fernando.—¡Hola!

Elvira.—¿Podrías acompañarme hoy a comprar un libro? Tengo que hacer un regalo y he pensado que tú me ayudarías muy bien a escoger.

Fernando.—No sé si podré.

(Pausa.)

Elvira.—Procúralo, por favor. Sin ti no sabré hacerlo. Y tengo que darlo mañana.

Fernando.—A pesar de eso no puedo prometerte nada. *(Ella hace un gesto de contrariedad.)* Mejor dicho: casi seguro que no podrás contar conmigo.

(Sigue mirando por el hueco.)

Elvira.—*(Molesta y sonriente.)* ¡Qué caro te cotizas! *(Pausa.)* Mírame un poco, por lo menos. No creo que cueste mucho trabajo mirarme... *(Pausa.)* ¿Eh?

Fernando.—*(Levantando la vista.)* ¿Qué?

Elvira.—Pero ¿no me escuchabas? ¿O es que no quieres enterarte de lo que te digo?

Fernando.—*(Volviéndole la espalda.)* Déjame en paz.

Elvira.—*(Resentida.)* ¡Ah! ¡Qué poco te cuesta humillar a los demás! ¡Es muy fácil.., y muy cruel humillar a los demás! Te aprovechas de que te estiman demasiado para devolverte la humillación... pero podría hacerse...

Fernando.—*(Volviéndose furioso.)* ¡Explica eso!

Elvira.—Es muy fácil presumir y despreciar a quien nos quiere, a quien está dispuesto a ayudarnos... A quien nos ayuda ya... Es muy fácil olvidar esas ayudas...

Fernando.—*(Iracundo.)* ¿Cómo te atreves a echarme en cara tu propia ordinariez? ¡No puedo sufrirte! ¡Vete!

Elvira.—*(Arrepentida.)* ¡Femando, perdóname, por Dios! Es que...

Fernando.—¡Vete! ¡No puedo soportarte! No puedo resistir vuestros favores ni vuestra estupidez. ¡Vete! *(Ella ha ido retrocediendo muy afectada. Se entra, llorosa y sin poder reprimir apenas sus nervios.* Fernando, *muy alterado también, saca un cigarrillo. Al tiempo de tirar la cerilla:)* ¡Qué vergüenza!

(Se vuelve al «casinillo». Pausa. Paca *sale de su casa y llama en el I.* Generosa *abre.)*

Paca.—A ver si me podía usted dar un poco de sal.

Generosa.—¿De mesa o de la gorda?

Paca.—De la gorda. Es para el guisado. (Generosa *se mete.* Paca, *alzando la voz.)* Un puñadito nada más... (Generosa *vuelve con un papelillo.)* Gracias, mujer.

Generosa.—De nada.

Paca.—¿Cuánta luz ha pagado este mes?

Generosa.—Dos sesenta. ¡Un disparate! Y eso que procuro encender lo menos posible... Pero nunca consigo quedarme en las dos pesetas.

Paca.—No se queje. Yo he pagado cuatro diez.

Generosa.—Ustedes tienen una habitación más y son más que nosotros.

Paca.—¡Y qué! Mi alcoba no la enciendo nunca. Juan y yo nos acostamos a oscuras. A nuestra edad, para lo que hay que ver...

Generosa.—¡Jesús!

Paca.—¿He dicho algo malo?

Generosa.—*(Riendo débilmente.)* No, mujer; pero... ¡qué boca, Paca!

Paca.—¿Y para qué sirve la boca, digo yo? Pues para usarla.

Generosa.—Para usarla bien, mujer.

Paca.—No he insultado a nadie.

Generosa.—Aun así...

Paca.—Mire, Generosa: usted tiene muy poco arranque. ¡Eso es! No se atreve ni a murmurar.

Generosa.—¡El Señor me perdone! Aún murmuro demasiado.

Paca.—¡Si es la sal de la vida! *(Con misterio.)* A propósito: ¿sabe usted que don Manuel le ha pagado la luz a doña Asunción?

(FERNANDO, *con creciente expresión de disgusto, no pierde palabra.*)

GENEROSA.—Ya me lo ha dicho Trini.

PACA.—¡Vaya con Trini! ¡Ya podía haberse tragado la lengua! *(Cambiando el tono.)* Y, para mí, que fue Elvirita quien se lo pidió a su padre.

GENEROSA.—No es la primera vez que les hacen favores de ésos.

PACA.—Pero quien lo provocó, en realidad, fue doña Asunción.

GENEROSA.—¿Ella?

PACA.—¡Pues claro! *(Imitando la voz.)* «Lo siento, cobrador, no puedo ahora. ¡Buenos días, don Manuel! ¡Dios mío, cobrador, si no puedo! ¡Hola, Elvirita, qué guapa estás!». ¡A ver si no lo estaba pidiendo descaradamente!

GENEROSA.—Es usted muy mal pensada.

PACA.—¿Mal pensada? ¡Si yo no lo censuro! ¿Qué va a hacer una mujer como ésa con setenta y cinco pesetas de pensión y un hijo que no da golpe?

GENEROSA.—Femando trabaja.

PACA.—¿Y qué gana? ¡Una miseria! Entre el carbón, la comida y la casa se les va todo. Además, que le descuentan muchos días de sueldo. Y puede que lo echen de la papelería.

Generosa.—¡Pobre chico! ¿Por qué?

Paca.—Porque no va nunca. Para mí que ése lo que busca es pescar a Elvirita... y los cuartos de su padre.

Generosa.—¿No será al revés?

Paca.—¡Qué va! Es que ese niño sabe mucha táctica, y se hace querer. ¡Como es tan guapo! Porque lo es; eso no hay que negárselo.

Generosa.—*(Se asoma al hueco de la escalera y vuelve.)* Y Carmina sin venir... Oiga, Paca: ¿es verdad que don Manuel tiene dinero?

Paca.—Mujer, ya sabe usted que era oficinista. Pero con la agencia esa que ha montado se está forrando el riñón. Como tiene tantas relaciones y sabe tanta triquiñuela...

Generosa.—Y una agencia, ¿qué es?

Paca.—Un sacaperras. Para sacar permisos, certificados... ¡Negocios! Bueno, y me voy, que se hace tarde. *(Inicia la marcha y se detiene.)* ¿Y el señor Gregorio, cómo va?

Generosa.—Muy disgustado, el pobre. Como lo retiran por la edad... Y es lo que él dice: «¿De qué sirve que un hombre se deje los huesos durante cincuenta años conduciendo un tranvía, si luego le ponen en la calle?». Y el retiro es una miseria, Paca. Ya lo sabe usted. ¡Qué vida, Dios mío! No sé cómo vamos a salir adelante. Y mi Pepe, que no ayuda nada...

Paca.—Su Pepe es un granuja. Perdone que se lo diga, pero usted ya lo sabe. Ya le he dicho antes que no quiero volver a verle con mi Rosa.

Generosa.—*(Humillada.)* Lleva usted razón. ¡Pobre hijo mío!

Paca.—¿Pobre? Como Rosita. Otra que tal. A mí no me duelen prendas. ¡Pobres de nosotras, Generosa, pobres de nosotras! ¿Qué hemos hecho para este castigo? ¿Lo sabe usted?

Generosa.—Como no sea sufrir por ellos...

Paca.—Eso. Sufrir y nada más. ¡Qué asco de vida! Hasta luego, Generosa. Y gracias.

Generosa.—Hasta luego.

(Ambas se meten y cierran. Fernando, abrumado, va a recostarse en la barandilla. Pausa. Repentinamente se endereza y espera, de cara al público. Carmina sube con la cacharra. Sus miradas se cruzan. Ella intenta pasar, con los ojos bajos. Fernando la detiene por un brazo.)

Fernando.—Carmina.

Carmina.—Déjeme...

Fernando.—No, Carmina. Me huyes constantemente y esta vez tienes que escucharme.

Carmina.—Por favor, Fernando... ¡Suélteme!

Fernando.—Cuando éramos chicos nos tuteábamos... ¿Por qué no me tuteas ahora? *(Pausa.)* ¿Ya no te acuerdas de aquel tiempo? Yo era tu novio y tú eras mi novia... Mi novia... Y nos sentábamos aquí *(Señalando los peldaños.)*, en ese escalón, cansados de jugar..., a seguir jugando a los novios.

Carmina.—Cállese.

Fernando.—Entonces, me tuteabas y... me querías.

Carmina.—Era una niña... Ya no me acuerdo.

Fernando.—Eras una mujercita preciosa. Y sigues siéndolo. Y no puedes haber olvidado. ¡Yo no he olvidado! Carmina, aquel tiempo es el único recuerdo maravilloso que conservo en medio de la sordidez en que vivimos. Y quería decirte... que siempre... has sido para mí lo que eras antes.

Carmina.—¡No te burles de mí!

Fernando.—¡Te lo juro!

Carmina.—¿Y todas... ésas con quien has paseado y... que has besado?

Fernando.—Tienes razón. Comprendo que no me creas. Pero un hombre... Es muy difícil de explicar. A ti, precisamente, no podía hablarte..., ni besarte... ¡Porque te quería, te quería y te quiero!

Carmina.—No puedo creerte.

(Intenta marcharse.)

Fernando.—No, no. Te lo suplico. No te marches. Es preciso que me oigas... y que me creas. Ven. *(La lleva al primer peldaño.)* Como entonces.

(Con un ligero forcejeo la obliga a sentarse contra la pared y se sienta a su lado. Le quita la lechera y la deja junto a él. Le coge una mano.)

Carmina.—¡Si nos ven!

Fernando.—¡Qué nos importa! Carmina, por favor, créeme. No puedo vivir sin ti. Estoy desesperado. Me ahoga la ordinariez que nos rodea. Necesito que me quieras y que me consueles. Si no me ayudas, no podré salir adelante.

Carmina.—¿Por qué no se lo pides a Elvira?

(Pausa. Él la mira, excitado y alegre.)

Fernando.—¡Me quieres! ¡Lo sabía! ¡Tenías que quererme! *(Le levanta la cabeza. Ella sonríe involuntariamente.)* ¡Carmina, mi Carmina!

(Va a besarla, pero ella le detiene.)

Carmina.—¿Y Elvira?

Fernando.—¡La detesto! Quiere cazarme con su dinero. ¡No la puedo ver!

Carmina.—*(Con una risita.)* ¡Yo tampoco!

(Ríen, felices.)

Fernando.—Ahora tendría que preguntarte yo: ¿y Urbano?

Carmina.—¡Es un buen chico! ¡Yo estoy loca por él! *(Fernando se enfurruña.)* ¡Tonto!

Fernando.—*(Abrazándola por el talle.)* Carmina, desde mañana voy a trabajar de firme por ti. Quiero salir de esta pobreza, de este sucio ambiente. Salir y sacarte a ti. Dejar para siempre los chismorreos, las broncas entre vecinos... Acabar con la angustia del dinero escaso, de los favores que abochornan como una bofetada, de los padres que nos abruman con su torpeza y su cariño servil, irracional...

Carmina.—*(Reprensiva.)* ¡Fernando!

Fernando.—Sí. Acabar con todo esto. ¡Ayúdame tú! Escucha: voy a estudiar mucho, ¿sabes? Mucho. Primero me haré delineante. ¡Eso es fácil! En un año... Como para entonces ya ganaré bastante, estudiaré para aparejador. Tres años. Dentro de cuatro años seré un aparejador solicitado por todos los arquitectos. Ganaré mucho dinero. Por entonces tú serás ya mi mujercita, y viviremos en otro barrio, en un pisito limpio y tranquilo. Yo seguiré estudiando. ¿Quién sabe? Puede que para entonces me haga ingeniero. Y como una cosa no es incompatible con la otra, publicaré un libro de poesías, un libro que tendrá mucho éxito...

Carmina.—*(Que le ha escuchado extasiada.)* ¡Qué felices seremos!

Fernando.—¡Carmina!

(Se inclina para besarla y da un golpe con el pie a la lechera, que se derrama estrepitosamente. Temblorosos, se levantan los dos y miran, asombrados, la gran mancha blanca en el suelo.)

TELÓN

Acto segundo

Han transcurrido diez años que no se notan en nada; la escalera sigue sucia y pobre, las puertas sin timbre, los cristales de la ventana sin lavar.

(Al comenzar el acto se encuentran en escena Generosa, Carmina, Paca, Trini *y el* Señor Juan. *Éste es un viejo alto y escuálido, de aire quijotesco, que cultiva unos anacrónicos bigotes lacios. El tiempo transcurrido se advierte en los demás:* Paca *y* Generosa *han encanecido mucho.* Trini *es ya una mujer madura, aunque airosa.* Carmina *conserva todavía su belleza: una belleza que empieza a marchitarse. Todos siguen pobremente vestidos, aunque con trajes más modernos. Las puertas I y III están abiertas de par en par. Las II y IV cerradas. Todos los presentes se encuentran apoyados en el pasamanos, mirando por el hueco.* Generosa *y* Carmina *están llorando; la hija rodea con un brazo la espalda de su madre. A poco,* Generosa *baja el tramo y sigue mirando desde el primer rellano.* Carmina *la sigue después.)*

Carmina.—Ande, madre... (Generosa *la aparta, sin dejar de mirar a través de sus lágrimas.*) Ande...

(Ella mira también. Sollozan de nuevo y se abrazan a medias, sin dejar de mirar)

Generosa.—Ya llegan al portal... *(Pausa.)* Casi no se le ve...

Señor Juan.—*(Arriba, a su mujer.)* ¡Cómo sudaban! Se conoce que pesa mucho.

(Paca *le hace señas de que calle.*)

Generosa.—*(Abrazando a su hija.)* Solas, hija mía. ¡Solas! *(Pausa. De pronto se desase y sube lo más aprisa que puede la escalera.* Carmina *la sigue. Al tiempo que suben:)* Déjeme mirar por su balcón, Paca. ¡Déjeme mirar!

Paca.—Sí, mujer.

(Generosa *entra presurosa en el III. Tras ella,* Carmina *y* Paca.)

Trini.—*(A su padre, que se recuesta en la barandilla, pensativo.)* ¿No entra, padre?

Señor Juan.—No, hija. ¿Para qué? Ya he visto arrancar muchos coches fúnebres en esta vida. *(Pausa.)* ¿Te acuerdas del de doña Asunción? Fue un entierro de primera, con caja de terciopelo...

Trini.—Dicen que lo pagó don Manuel.

Señor Juan.—Es muy posible. Aunque el entierro de don Manuel fue menos lujoso.

Trini.—Es que ése lo pagaron los hijos.

Señor Juan.—Claro. *(Pausa.)* Y ahora, Gregorio. No sé cómo ha podido durar estos diez años. Desde la jubilación no levantó cabeza. *(Pausa.)* ¡A todos nos llegará la hora!

Trini.—*(Juntándosele.)* ¡Padre, no diga eso!

Señor Juan.—¡Si es la verdad, hija! Y quizá muy pronto.

Trini.—No piense en esas cosas. Usted está muy bien todavía...

Señor Juan.—No lo creas. Eso es por fuera. Por dentro... me duelen muchas cosas. *(Se acerca, como al descuido, a la puerta IV. Mira a* Trini. *Señala tímidamente a la puerta.)* Esto. Esto me matará.

Trini.—*(Acercándose.)* No, padre. Rosita es buena...

Señor Juan.—*(Separándose de nuevo y con triste sonrisa.)* ¡Buena! *(Se asoma a su casa. Suspira. Pasa junto al II y escucha un momento.)* Éstos no han chistado.

Trini.—No.

(El padre se detiene después ante la puerta I. Apoya las manos en el marco y mira al interior vacío.)

Señor Juan.—¡Ya no jugaremos más a las cartas, viejo amigo!

Trini.—*(Que se le aproxima, entristecida, y tira de él.)* Vamos adentro, padre.

Señor Juan.—Se quedan con el día y la noche... Con el día y la noche. *(Mirando al I.)* Con un hijo que es un bandido...

Trini.—Padre, deje eso.

(Pausa.)

Señor Juan.—Ya nos llegará a todos.

(*Ella mueve la cabeza, desaprobando.* Generosa, *rendida, sale del III, llevando a los lados a* Paca *y a* Carmina.)

Paca.—¡Ea! No hay que llorar más. Ahora a vivir. A salir adelante.

Generosa.—No tengo fuerzas.

Paca.—¡Pues se inventan! No faltaba más.

Generosa.—¡Era tan bueno mi Gregorio!

Paca.—Todos nos tenemos que morir. Es ley de vida.

Generosa.—Mi Gregorio...

Paca.—Hala. Ahora barremos entre las dos la casa. Y mi Trini irá luego por la compra y hará la comida. ¿Me oyes, Trini?

Trini.—Sí, madre.

Generosa.—Yo me moriré pronto también.

Carmina.—¡Madre!

Paca.—¿Quién piensa en morir?

Generosa.—Sólo quisiera dejar a esta hija... con un hombre de bien... antes de morirme.

Paca.—¡Mejor sin morirse!

Generosa.—¡Para qué!...

Paca.—¡Para tener nietos, alma mía! ¿No le gustaría tener nietos?

(*Pausa.*)

Generosa.—¡Mi Gregorio!

Paca.—Bueno. Se acabó. Vamos adentro. ¿Pasas, Juan?

Señor Juan.—Luego entraré un ratito. ¡Lo dicho, Generosa! ¡Y a tener ánimo!

(*La abraza.*)

Generosa.—Gracias...

(*El* Señor Juan *y* Trini *entran en su casa y cierran.* Generosa, Paca *y* Carmina *se dirigen al I.*)

Generosa.—(*Antes de entrar.*) ¿Qué va a ser de nosotros, Dios mío? ¿Y de esta niña? ¡Ay, Paca! ¿Qué va a ser de mi Carmina?

CARMINA.—No se apure, madre.

PACA.—Claro que no. Ya saldremos todos adelante. Nunca os faltarán buenos amigos.

GENEROSA.—Todos sois muy buenos.

PACA.—¡Qué buenos, ni qué... peinetas! ¡Me dan ganas de darle azotes como a un crío!

(*Se meten. La escalera queda sola. Pausa. Se abre el II cautelosamente y aparece* FERNANDO. *Los años han dado a su aspecto un tinte vulgar Espía el descansillo y sale después, diciendo hacia adentro:*)

FERNANDO.—Puedes salir. No hay nadie.

(*Entonces sale* ELVIRA, *con un niño de pecho en los brazos.* FERNANDO *y* ELVIRA *visten con modestia. Ella se mantiene hermosa, pero su cara no guarda nada de la antigua vivacidad.*)

ELVIRA.—¿En qué quedamos? Esto es vergonzoso. ¿Les damos o no les damos el pésame?

FERNANDO.—Ahora no. En la calle lo decidiremos.

ELVIRA.—¡Lo decidiremos! Tendré que decidir yo, como siempre. Cuando tú te pones a decidir nunca hacemos nada. (FERNANDO *calla, con la expresión hosca. Inician la bajada.*) ¡Decidir! ¿Cuándo vas a decidirte a ganar más dinero? Ya ves que así no podemos vivir. (*Pausa.*) ¡Claro, el señor contaba con el suegro! Pues el suegro se acabó, hijo. Y no se te acaba la mujer no sé por qué.

FERNANDO.—¡Elvira!

ELVIRA.—¡Sí, enfádate porque te dicen las verdades! Eso sabrás hacer: enfadarte y nada más. Tú ibas a ser aparejador, ingeniero, y hasta diputado. ¡Je! Ese era el cuento que colocabas a todas. ¡Tonta de mí, que también te hice caso! Si hubiera sabido lo que me llevaba... Si hubiera sabido que no eras más que un niño mimado... La idiota de tu madre no supo hacer otra cosa que eso: mimarte.

FERNANDO.—*(Deteniéndose.)* ¡Elvira, no te consiento que hables así de mi madre! ¿Me entiendes?

ELVIRA.—*(Con ira.)* ¡Tú me has enseñado! ¡Tú eras el que hablaba mal de ella!

FERNANDO.—*(Entre dientes.)* Siempre has sido una niña caprichosa y sin educación.

ELVIRA.—¿Caprichosa? ¡Sólo tuve un capricho! ¡Uno solo! Y...

(FERNANDO *le tira del vestido para avisarle de la presencia de* PEPE, *que sube. El aspecto de* PEPE *denota que lucha victoriosamente contra los años para mantener su prestancia.*)

PEPE.—*(Al pasar.)* Buenos días.

Fernando.—Buenos días.

Elvira.—Buenos días.

(*Bajan.* Pepe *mira hacia el hueco de la escalera con placer. Después sube monologando.*)

Pepe.—Se conserva, se conserva la mocita.

(*Se dirige al IV pero luego mira al I, su antigua casa, y se acerca. Tras un segundo de vacilación ante la puerta, vuelve decididamente al IV y llama. Le abre* Rosa, *que ha adelgazado y empalidecido.*)

Rosa.—(*Con acritud.*) ¿A qué vienes?

Pepe.—A comer, princesa.

Rosa.—A comer, ¿eh? Toda la noche emborrachándote con mujeres y a la hora de comer, a casita, a ver lo que la Rosa ha podido apañar por ahí.

Pepe.—No te enfades, gatita.

Rosa.—¡Sinvergüenza! ¡Perdido! ¿Y el dinero? ¿Y el dinero para comer? ¿Tú te crees que se puede poner el puchero sin tener cuartos?

Pepe.—Mira, niña, ya me estás cansando. Ya te he dicho que la obligación de traer dinero a casa es tan tuya como mía.

Rosa.—¿Y te atreves...?

Pepe.—Déjate de romanticismos. Si me vienes con pegas y con líos, me marcharé. Ya lo sabes. *(Ella se echa a llorar y le cierra la puerta. Él se queda divertidamente perplejo frente a ésta.* Trini *sale del Ill con un capacho.* Pepe *se vuelve.)* Hola, Trini.

Trini.—*(Sin dejar de andar)* Hola.

Pepe.—Estás cada día más guapa... Mejoras con los años, como el vino.

Trini.—*(Volviéndose de pronto.)* Si te has creído que soy tan tonta como Rosa, te equivocas.

Pepe.—No te pongas así, pichón.

Trini.—¿No te da vergüenza haber estado haciendo el golfo mientras tu padre se moría? ¿No te has dado cuenta de que tu madre y tu hermana están ahí *(Señala al I.)*, llorando todavía porque hoy le dan tierra? Y ahora, ¿qué van a hacer? Matarse a coser, ¿verdad? *(El se encoge de hombros.)* A ti no te importa nada. ¡Puah! Me das asco.

Pepe.—Siempre estáis pensando en el dinero. ¡Las mujeres no sabéis más que pedir dinero!

Trini.—Y tú no sabes más que sacárselo a las mujeres. ¡Porque eres un chulo despreciable!

Pepe.—*(Sonriendo.)* Bueno, pichón, no te enfades. ¡Cómo te pones por un piropo!

(URBANO, *que viene con su ropita de paseo, se ha parado al escuchar las últimas palabras y sube rabioso mientras va diciendo:*)

URBANO.—¡Ese piropo y otros muchos te los vas a tragar ahora mismo! *(Llega a él y le agarra por las solapas, zarandeándole.)* ¡No quiero verte molestar a Trini! ¿Me oyes?

PEPE.—Urbano, que no es para tanto...

URBANO.—¡Canalla! ¿Qué quieres? ¿Perderla a ella también? ¡Granuja! *(Le inclina sobre la barandilla.)* ¡Que no has valido ni para venir a presidir el duelo de tu padre! ¡Un día te tiro! ¡Te tiro!

(Sale ROSA, *desolada, del IV para interponerse. Intenta separarlos y golpea a* URBANO *para que suelte.)*

ROSA.—¡¡Déjale!! ¡Tú no tienes que pegarle!

TRINI.—*(Con mansedumbre.)* Urbano tiene razón... Que no se meta conmigo.

ROSA.—¡Cállate tú, mosquita muerta!

TRINI.—*(Dolida.)* ¡Rosa!

ROSA.—*(A* URBANO.*)* ¡Déjale, te digo!

URBANO.—*(Sin soltar a* PEPE.*)* ¡Todavía le defiendes, imbécil!

Pepe.—¡Sin insultar!

Urbano.—*(Sin hacerle caso.)* Venir a perderte por un guiñapo como éste... Por un golfo... Un cobarde.

Pepe.—Urbano, esas palabras...

Urbano.—¡Cállate!

Rosa.—¿Y a ti qué te importa? ¿Me meto yo en tus asuntos? ¿Me meto en si rondas a Fulanita o te soplan a Menganita? Más vale cargar con Pepe que querer cargar con quien no quiere nadie...

Urbano.—¡Rosa!

(Se abre el III sale el Señor Juan, *enloquecido.)*

Señor Juan.—¡Callad! ¡Callad ya! ¡Me vais a matar! Sí, me moriré. ¡Me moriré como Gregorio!

Trini.—*(Se abalanza hacia él, gritando.)* ¡Padre, no!

Señor Juan.—*(Apartándola.)* ¡Déjame! *(A* Pepe.*)* ¿Por qué no te la llevaste a otra casa? ¡Teníais que quedaros aquí para acabar de amargarnos la vida!

Trini.—¡Calle, padre!

Señor Juan.—Sí. Mejor es callar. *(A* Urbano.*)* Y tú: suelta ese trapo.

Urbano.—*(Lanzando a* Pepe *sobre* Rosa.*)* Anda. Carga con él.

(Paca *sale del I y cierra.*)

Paca.—¿Qué bronca es ésta? ¿No sabéis que ha habido un muerto aquí? ¡Brutos!

Urbano.—Madre tiene razón. No tenemos ningún respeto por el duelo de esas pobres.

Paca.—¡Claro que tengo razón! *(A* Trini.*)* ¿Qué haces aquí todavía? ¡Anda a la compra! (Trini *agacha la cabeza y baja la escalera.* Paca *interpela a su marido.)* ¿Y tú qué tienes que ver ni mezclarte con esta basura? *(Por* Pepe *y* Rosa. *Ésta, al sentirse aludida por su madre, entra en el IV y cierra de golpe.)* ¡Vamos adentro! *(Lleva al* Señor Juan *a su puerta. Desde allí, a* Urbano:*)* ¿Se acabó ya el entierro?

Urbano.—Sí, madre.

Paca.—¿Pues por qué no vas a decirlo?

Urbano.—Ahora mismo.

(Pepe *empieza a bajar componiéndose el traje.* Paca *y el* Señor Juan *se meten y cierran.*)

Pepe.—*(Ya en el primer rellano, mirando a* Urbano *de reojo.)* ¡Llamarme cobarde a mí, cuando si no me enredo a golpes es por el asco que me dan! ¡Cobarde a mí! *(Pausa.)* ¡Peste de vecinos! Ni tienen educación, ni saben tratar a la gente, ni...

(*Se va murmurando. Pausa.* Urbano *se encamina hacia*

el I. Antes de llegar abre Carmina, *que lleva un capacho en la mano. Cierra y se enfrentan. Un silencio.)*

Carmina.—¿Terminó el...?

Urbano.—Sí.

Carmina.—*(Enjugándose una lágrima.)* Muchas gracias, Urbano. Has sido muy bueno con nosotras.

Urbano.—*(Balbuceante.)* No tiene importancia. Ya sabes que yo..., que nosotros... estamos dispuestos...

Carmina.—Gracias. Lo sé.

(Pausa. Baja la escalera con él a su lado.)

Urbano.—¿Vas..., vas a la compra?

Carmina.—Sí.

Urbano.—Déjalo. Luego irá Trini. No os molestéis vosotras por nada.

Carmina.—Iba a ir ella, pero se le habrá olvidado.

(Pausa.)

Urbano.—*(Parándose.)* Carmina...

Carmina.—¿Qué?

Urbano.—¿Puedo preguntarte... qué vais a hacer ahora?

Carmina.—No lo sé... Coseremos.

Urbano.—¿Podréis salir adelante?

Carmina.—No lo sé.

Urbano.—La pensión de tu padre no era mucho, pero sin ella...

Carmina.—Calla, por favor.

Urbano.—Dispensa... He hecho mal en recordártelo.

Carmina.—No es eso.

(Intenta seguir.)

Urbano.—*(Interponiéndose.)* Carmina, yo...

Carmina.—*(Atajándole rápida.)* Tú eres muy bueno. Muy bueno. Has hecho todo lo posible por nosotras. Te lo agradezco mucho.

Urbano.—Eso no es nada. Aún quisiera hacer mucho más.

Carmina.—Ya habéis hecho bastante. Gracias de todos modos.

(Se dispone a seguir.)

Urbano.—¡Espera, por favor! *(Llevándola al «casinillo».)* Carmina, yo..., yo te quiero. *(Ella sonríe tristemente.)* Te quiero hace muchos años, tú lo sabes.

Perdona que te lo diga hoy: soy un bruto. Es que no quisiera verte pasar privaciones ni un solo día. Ni a ti ni a tu madre. Me harías muy feliz si..., si me dijeras... que puedo esperar. *(Pausa. Ella baja la vista.)* Ya sé que no me quieres. No me extraña, porque yo no valgo nada. Soy muy poco para ti. Pero yo procuraría hacerte dichosa. *(Pausa.)* No me contestas...

CARMINA.—Yo... había pensado permanecer soltera.

URBANO.—*(Inclinando la cabeza.)* Quizá continúas queriendo a algún otro...

CARMINA.—*(Con disgusto.)* ¡No, no!

URBANO.—Entonces, es que... te desagrada mi persona.

CARMINA.—¡Oh, no!

URBANO.—Ya sé que no soy más que un obrero. No tengo cultura ni puedo aspirar a ser nada importante... Así es mejor. Así no tendré que sufrir ninguna decepción, como otros sufren.

CARMINA.—Urbano, te pido que...

URBANO.—Más vale ser un triste obrero que un señorito inútil... Pero si tú me aceptas yo subiré. ¡Subiré, sí! ¡Porque cuando te tenga a mi lado me sentiré lleno de energías para trabajar! ¡Para trabajar por ti! Y me perfeccionaré en la mecánica y ganaré más. *(Ella asiente tristemente, en silencio, traspasada por el recuerdo de un momento semejante.)* Viviríamos juntos: tu madre, tú y yo. Le daríamos a la vieja un poco de alegría en los años que le quedasen de vida. Y tú me harías feliz. *(Pausa.).* Acéptame, te lo suplico.

Carmina.—¡Eres muy bueno!

Urbano.—Carmina, te lo ruego. Consiente en ser mi novia. Déjame ayudarte con ese título.

Carmina.—*(Llora refugiándose en sus brazos.)* ¡Gracias, gracias!

Urbano.—*(Enajenado.)* Entonces... ¿Sí? *(Ella asiente.)* ¡Gracias yo a ti! ¡No te merezco!

(Quedan un momento abrazados. Se separan con las manos cogidas. Ella le sonríe entre lágrimas. Paca *sale de su casa. Echa una automática ojeada inquisitiva sobre el rellano y le parece ver algo en el «casinillo». Se acerca al IV para ver mejor, asomándose a la barandilla y los reconoce.)*

Paca.—¿Qué hacéis ahí?

Urbano.—*(Asomándose con* Carmina.*)* Le estaba explicando a Carmina... el entierro.

Paca.—Bonita conversación. *(A* Carmina.*)* ¿Dónde vas tú con el capacho?

Carmina.—A la compra.

Paca.—¿No ha ido Trini por ti?

Carmina.—No...

Paca.—Se le habrá olvidado con la bronca. Quédate en casa, yo iré en tu lugar. *(A* Urbano, *mientras empieza a bajar.)* Acompáñalas, anda. *(Se detiene. Fuerte.)* ¿No subís? *(Ellos se apresuran a hacerlo.* Paca *baja y se cruza con la pareja en la escalera. A* Carmina, *cogiéndole el capacho.)* Dame el capacho. *(Sigue bajando. Se vuelve a mirarlos y ellos la miran también desde la puerta, confusos.* Carmina *abre con su llave, entran y cierran.* Paca, *con gesto expresivo.)* ¡Je! *(Cerca de la bajada, interpela por la barandilla a* Trini, *que sube.)* ¿Por qué no te has llevado el capacho de Generosa?

Trini.—*(Desde dentro.)* Se me pasó. A eso subía.

(Aparece con su capacho vacío.)

Paca.—Trae el capacho. Yo iré. Ve con tu padre, que tú sabes consolarle.

Trini.—¿Qué le pasa?

Paca.—*(Suspirando.)* Nada... Lo de Rosa. *(Vuelve a suspirar.)* Dame el dinero. (Trini *le da unas monedas y se dispone a seguir.* Paca, *confidencial.)* Oye: ¿sabes que...?

(Pausa.)

Trini.—*(Deteniéndose.)* ¿Qué?

Paca.—Nada. Hasta luego.

(*Se va.* TRINI *sube. Antes de llegar al segundo rellano sale de su casa el* SEÑOR JUAN, *que la ve cuando va a cerrar la puerta.*)

TRINI.—¿Dónde va usted?

SEÑOR JUAN.—A acompañar un poco a esas pobres mujeres. (*Pausa breve.*) ¿No has hecho la compra?

TRINI.—(*Llegando a él.*) Bajó madre a hacerla.

SEÑOR JUAN.—Ya. (*Se dirige al I, en tanto que ella se dispone a entrar. Luego se para y se vuelve.*) ¿Viste cómo defendía Rosita a ese bandido?

TRINI.—Sí, padre.

(*Pausa.*)

SEÑOR JUAN.—Es indignante... Me da vergüenza que sea mi hija.

TRINI.—Rosita no es mala, padre.

SEÑOR JUAN.—¡Calla! ¿Qué sabes tú? (*Con ira.*) ¡Ni mentármela siquiera! ¡Y no quiero que la visites, ni que hables con ella! Rosita se terminó para nosotros... ¡Se terminó! (*Pausa.*) Debe de defenderse muy mal, ¿verdad? (*Pausa.*) Aunque a mi no me importa nada.

TRINI.—(*Acercándose.*) Padre...

SEÑOR JUAN.—¿Qué?

Trini.—Ayer Rosita me dijo... que su mayor pena era el disgusto que usted tenía.

Señor Juan.—¡Hipócrita!

Trini.—Me lo dijo llorando, padre.

Señor Juan.—Las mujeres siempre tienen las lágrimas a punto. *(Pausa.)* Y... ¿qué tal se defiende?

Trini.—Muy mal. El sinvergüenza ese no gana y a ella la repugna... ganarlo de otro modo.

Señor Juan.—*(Dolorosamente.)* ¡No lo creo! ¡Esa golfa!... ¡Bah! ¡Es una golfa, una golfa!

Trini.—No, no, padre. Rosa es algo ligera, pero no ha llegado a eso. Se juntó con Pepe porque le quería... y aún le quiere. Y él siempre le está diciendo que debe ganarlo, y siempre la amenaza con dejarla. Y... la pega.

Señor Juan.—¡Canalla!

Trini.—Y Rosa no quiere que él la deje. Y tampoco quiere echarse a la vida... Sufre mucho.

Señor Juan.—¡Todos sufrimos!

Trini.—Y, por eso, con lo poco que él le da alguna vez, le va dando de comer. Y ella apenas come. Y no cena nunca. ¿No se ha fijado usted en lo delgada que se ha quedado?

(Pausa.)

Señor Juan.—No.

Trini.—¡Se ve en seguida! Y sufre porque él dice que está ya fea y... no viene casi nunca. *(Pausa.)* ¡La pobre Rosita terminará por echarse a la calle para que él no la abandone!

Señor Juan.—*(Exaltado.)* ¿Pobre? ¡No la llames pobre! Ella se lo ha buscado. *(Pausa. Va a marcharse y se para otra vez.)* Sufres mucho por ella, ¿verdad?

Trini.—Me da mucha pena, padre.

(Pausa.)

Señor Juan.—*(Con los ojos bajos.)* Mira, no quiero que sufras por ella. Ella no me importa nada, ¿comprendes? Nada. Pero tú sí. Y no quiero verte con esa preocupación. ¿Me entiendes?

Trini.—Sí, padre.

Señor Juan.—*(Turbado.)* Escucha. Ahí dentro tengo unos durillos... Unos durillos ahorrados del café y de las copas...

Trini.—¡Padre!

Señor Juan.—¡Calla y déjame hablar! Como el café y el vino no son buenos a la vejez..., pues los fui guardando. A mí, Rosa no me importa nada. Pero si te sirve de consuelo..., puedes dárselos.

Trini.—¡Sí, sí, padre!

Señor Juan.—De modo que voy a buscarlos.

Trini.—¡Qué bueno es usted!

Señor Juan.—*(Entrando.)* No, si lo hago por ti... *(Muy conmovida, Trini espera ansiosamente la vuelta de su padre mientras lanza expresivas ojeadas al IV. El Señor Juan torna con unos billetes en la mano. Contándolos y sin mirarla, se los da.)* Ahí tienes.

Trini.—Sí, padre.

Señor Juan.—*(Yendo hacia el I.)* Se los das, si quieres.

Trini.—Sí, padre.

Señor Juan.—Como cosa tuya, naturalmente.

Trini.—Sí.

Señor Juan.—*(Después de llamar en el I, con falsa autoridad.)* ¡Y que no se entere tu madre de esto!

Trini.—No, padre.
  (Urbano *abre al* Señor Juan.)

Señor Juan.—¡Ah! Estás aquí.

Urbano.—Sí, padre.

  (El Señor Juan *entra y cierra.* Trini *se vuelve, llena de*

alegría y llama repetidas veces al IV. Después se da cuenta de que su casa ha quedado abierta; la cierra y torna a llamar. Pausa. Rosa *abre.)*

Trini.—¡Rosita!

Rosa.—Hola, Trini.

Trini.—¡Rosita!

Rosa.—Te agradezco que vengas. Dispensa si antes te falté...

Trini.—¡Eso no importa!

Rosa.—No me guardes rencor. Ya comprendo que hago mal defendiendo así a Pepe, pero...

Trini.—¡Rosita! ¡Padre me ha dado dinero para ti!

Rosa.—¿Eh?

Trini.—¡Mira! *(Le enseña los billetes.)* ¡Toma! ¡Son para ti!

(Se los pone en la mano.)

Rosa.—*(Casi llorando.)* Trini, no..., no puede ser.

Trini.—Sí puede ser... Padre te quiere...

Rosa.—No me engañes, Trini. Ese dinero es tuyo.

Trini.—¿Mío? No sé cómo. ¡Me lo dio él! ¡Ahora mismo me lo ha dado! (Rosa *llora.*) Escucha cómo fue. *(La empuja para adentro.)* Él te nombró primero. Dijo que...

(Entran y cierran. Pausa Elvira *y* Fernando *suben.* Fernando *lleva ahora al niño. Discuten.)*

Fernando.—Ahora entramos un minuto y les damos el pésame.

Elvira.—Ya te he dicho que no.

Fernando.—Pues antes querías.

Elvira.—Y tú no querías.

Fernando.—Sin embargo, es lo mejor. Compréndelo, mujer.

Elvira.—Prefiero no entrar.

Fernando.—Entraré yo solo entonces.

Elvira.—¡Tampoco! Eso es lo que tú quieres: ver a Carmina y decirle cositas y tonterías.

Fernando.—Elvira, no te alteres. Entre Carmina y yo terminó todo hace mucho tiempo.

Elvira.—No te molestes en fingir. ¿Crees que no me doy cuenta de las miraditas que le echas encima y de cómo procuras hacerte el encontradizo con ella?

Fernando.—Fantasías.

Elvira.—¿Fantasías? La querías y la sigues queriendo.

Fernando.—Elvira, sabes que yo te he...

Elvira.—¡A mí nunca me has querido! Te casaste por el dinero de papá.

Fernando.—¡Elvira!

Elvira.—Y, sin embargo, valgo mucho más que ella.

Fernando.—¡Por favor! ¡Pueden escucharnos los vecinos!

Elvira.—No me importa.

(Llegan al descansillo.)

Fernando.—Te juro que Carmina y yo no...

Elvira.—*(Dando pataditas en el suelo.)* ¡No me lo creo! ¡Y eso se tiene que acabar! *(Se dirige a su casa, mas él se queda junto al I.)* ¡Abre!

Fernando.—Vamos a dar el pésame; no seas terca.

Elvira.—Que no, te digo.
(Pausa. Él se aproxima.)

Fernando.—Toma a Fernandito.

(Se lo da y se dispone a abrir.)

Elvira.—*(En voz baja y violenta.)* ¡Tú tampoco vas! ¿Me has oído? *(Él abre la puerta sin contestar.)* ¿Me has oído?

Fernando.—¡Entra!

Elvira.—¡Tú antes! *(Se abre el I y aparecen* Carmina *y* Urbano. *Están con las manos enlazadas, en una actitud clara. Ante la sorpresa de* Fernando, Elvira *vuelve a cerrar la puerta y se dirige a ellos, sonriente.)* ¡Qué casualidad, Carmina! Salíamos precisamente para ir a casa de ustedes.

Carmina.—Muchas gracias.

(Ha intentado desprenderse, pero Urbano *la retiene.)*

Elvira.—*(Con cara de circunstancias.)* Sí, hija... Ha sido muy lamentable... Muy sensible.

Fernando.—*(Reportado.)* Mi mujer y yo les acompañamos, sinceramente, en el sentimiento.

Carmina. .—*(Sin mirarle.)* Gracias.

(La tensión aumenta, inconteniblemente, entre los cuatro.)

Elvira.—¿Su madre está dentro?

Carmina.—Sí; háganme el favor de pasar. Yo entro en seguida. *(Con vivacidad.)* En cuanto me despida de Urbano.

ELVIRA.—¿Vamos, Fernando? *(Ante el silencio de él.)* No te preocupes, hombre. *(A* CARMINA.) Está preocupado porque al nene le toca ahora la teta. *(Con una tierna mirada para* FERNANDO.) Se desvive por su familia. *(A* CARMINA.) Le daré el pecho en su casa. No le importa, ¿verdad?

CARMINA.—Claro que no.

ELVIRA.—Mire qué rico está mi Fernandito. (CARMINA *se acerca después de lograr desprenderse de* URBANO.) Dormidito. No tardará en chillar y pedir lo suyo.

CARMINA.—Es una monada.

ELVIRA.—Tiene toda la cara de su padre. *(A* FERNANDO.) Sí, sí; aunque te empeñes en que no. *(A* CARMINA.) Él asegura que es igual a mí. Le agrada mucho que se parezca a mí. Es a él a quien se parece, ¿no cree?

CARMINA.—Pues... no sé. ¿Tú qué crees, Urbano?

URBANO.—No entiendo mucho de eso. Yo creo que todos los niños pequeños se parecen.

FERNANDO.—*(A* URBANO.) Claro que sí. Elvira exagera. Lo mismo puede parecerse a ella, que... a Carmina, por ejemplo.

ELVIRA.—*(Violenta.)* ¡Ahora dices eso! ¡Pues siempre estás afirmando que es mi vivo retrato!

Carmina.—Por lo menos, tendrá el aire de familia. ¡Decir que se parece a mí! ¡Qué disparate!

Urbano.—¡Completo!

Carmina.—*(Al borde del llanto.)* Me va usted a hacer reír, Fernando, en un día como éste.

Urbano.—*(Con ostensible solicitud.)* Carmina, por favor, no te afectes. *(A* Fernando.*)* ¡Es muy sensible!

(Fernando *asiente.*)

Carmina.—*(Con falsa ternura.)* Gracias, Urbano.

Urbano.—*(Con intención.)* Repórtate. Piensa en cosas más alegres... Puedes hacerlo...

Fernando.—*(Con la insolencia de un antiguo novio.)* Carmina fue siempre muy sensible.

Elvira.—*(Que lee en el corazón de la otra.)* Pero hoy tiene motivo para entristecerse. ¿Entramos, Fernando?

Fernando.—*(Tierno.)* Cuando quieras, nena.

Urbano.—Déjalos pasar, nena.

(Y aparta a Carmina, *con triunfal solicitud que brinda a* Fernando, *para dejar pasar al matrimonio.)*

TELÓN

Acto tercero

Pasaron velozmente veinte años más. Es ya nuestra época. La escalera sigue siendo una humilde escalera de vecinos. El casero ha pretendido, sin éxito, disfrazar su pobreza con algunos nuevos detalles concedidos despaciosamente a lo largo del tiempo: la ventana tiene ahora cristales romboidales coloreados, y en la pared del segundo rellano, frente al tramo, puede leerse la palabra Quinto en una placa de metal. Las puertas han sido dotadas de timbre eléctrico, y las paredes, blanqueadas.

(Una viejecita consumida y arrugada, de obesidad malsana y cabellos completamente blancos, desemboca, fatigada, en el primer rellano. Es Paca. *Camina lentamente, apoyándose en la barandilla, y lleva en la otra mano un capacho lleno de bultos.)*

Paca.—*(Entrecortadamente.)* ¡Qué vieja estoy! *(Acaricia la barandilla.)* ¡Tan vieja como tú! ¡Uf! *(Pausa.)* ¡Y qué sola! Ya no soy nada para mis hijos ni para mi nieta. ¡Un estorbo! *(Pausa.)* ¡Pues no me da la gana de serlo, demontre! *(Pausa. Resollando.)* ¡Hoj! ¡Qué escalerita! Ya podía poner ascensor el ladrón del casero. Hueco no falta. Lo que falta son ganas de rascarse el bolsillo. *(Pausa.)* En cambio, mi Juan la subía de dos en dos... hasta el día mismo de morirse. Y yo, que no puedo con ella..., no me muero ni con polvorones. *(Pausa.)* Bueno, y ahora que no me oye nadie. ¿Yo quiero o no quiero morirme? *(Pausa.)* Yo no quiero morirme. *(Pausa.)* Lo que quiero *(Ha llegado al segundo rellano y dedica una ojeada al I.)* es poder charlar con Generosa, y con Juan... *(Pausa. Se encamina a la puerta.)* ¡Pobre Generosa! ¡Ni los huesos quedarán! *(Pausa. Abre con su llave. Al entrar:)* ¡Y que me haga un poco más de caso mi nieta, demontre!

(Cierra. Pausa. Del IV sale un Señor bien vestido. *Al pasar frente al I sale de éste un* Joven bien vestido.*)*

Joven.—Buenos días.

Señor.—Buenos días. ¿A la oficina?

Joven.—Sí, señor. ¿Usted también?

Señor.—Lo mismo. *(Bajan emparejados.)* ¿Y esos asuntos?

Joven.—Bastante bien. Saco casi otro sueldo. No me puedo quejar. ¿Y usted?

Señor.—Marchando. Sólo necesitaría que alguno de estos vecinos antiguos se mudase, para ocupar un exterior. Después de desinfectarlo y pintarlo, podría recibir gente.

Joven.—Sí, señor. Lo mismo queremos nosotros.

Señor.—Además, que no hay derecho a pagar tantísimo por un interior, mientras ellos tienen los exteriores casi de balde.

Joven.—Como son vecinos tan antiguos...

Señor.—Pues no hay derecho. ¿Es que mi dinero vale menos que el de ellos?

Joven.—Además, que son unos indeseables.

Señor.—No me hable. Si no fuera por ellos... Porque la casa, aunque muy vieja, no está mal.

Joven.—No. Los pisos son amplios.

Señor.—Únicamente, la falta de ascensor.

Joven.—Ya lo pondrán. *(Pausa breve.)* ¿Ha visto los nuevos modelos de automóvil?

Señor.—Son magníficos.

Joven.—¡Magníficos! Se habrá fijado en que la carrocería es completamente...

(Se van charlando. Pausa. Salen del III Urbano *y* Carmina. *Son ya casi viejos. Ella se prende familiarmente de su brazo y bajan. Cuando están a la mitad del tramo, suben por la izquierda* Elvira *y* Fernando, *también del brazo y con las huellas de la edad. Socialmente, su aspecto no ha cambiado: son dos viejos matrimonios, de obrero uno y el otro de empleado. Al cruzarse, se saludan secamente.*

Carmina y Urbano *bajan.* Elvira y Fernando *llegan en silencio al II y él llama al timbre.)*

Elvira.—¿Por qué no abres con el llavín?

Fernando.—Manolín nos abrirá.

(La puerta es abierta por Manolín, *un chico de unos doce años.)*

Manolín.—*(Besando a su padre.)* Hola, papá.

Fernando.—Hola, hijo.

Manolín.—*(Besando a su madre.)* Hola, mamá.

Elvira.—Hola.

(Manolín *se mueve a su alrededor por ver si traen algo.)*

Fernando.—¿Qué buscas?

Manolín.—¿No traéis nada?

Fernando.—Ya ves que no.

Manolín.—¿Los traerán ahora?

Elvira.—¿El qué?

Manolín.—¡Los pasteles!

Fernando.—¿Pasteles? No, hijo. Están muy caros.

Manolín.—Pero, papá! ¡Hoy es mi cumpleaños!

Fernando.—Sí, hijo. Ya lo sé.

Elvira.—Y te guardamos una sorpresa.

Fernando.—Pero pasteles no pueden ser.

Manolín.—Pues yo quiero pasteles.

Fernando.—No puede ser.

Manolín.—¿Cuál es la sorpresa?

Elvira.—Ya la verás luego. Anda adentro.

Manolín.—*(Camino de la escalera.)* No.

Fernando.—¿Dónde vas tú?

Manolín.— A jugar.

Elvira.—No tardes.

Manolín.—No. Hasta luego. *(Los padres cierran. El baja los peldaños y se detiene en el «casinillo». Comenta:)* ¡Qué roñosos!

(Se encoge de hombros y, con cara de satisfacción, saca un cigarrillo. Tras una furtiva ojeada hacia arriba, saca una cerilla y la enciende en la pared. Se pone a fumar muy complacido. Pausa. Salen del III Rosa *y* Trini: *una pareja notablemente igualada por las arrugas y la tristeza que*

la desilusión y las penas han puesto en sus rostros. ROSA *lleva un capacho.*)

TRINI.—¿Para qué vienes, mujer? ¡Si es un momento!

ROSA.—Por respirar un poco el aire de la calle. Me ahogo en casa. *(Levantando el capacho.)* Además, te ayudaré.

TRINI.—Ya ves: yo prefiero, en cambio, estarme en casa.

ROSA.—Es que... no me gusta quedarme sola con madre. No me quiere bien.

TRINI.—¡Qué disparate!

ROSA.—Sí, sí... Desde aquello.

TRINI.—¿Quién se acuerda ya de eso?

ROSA.—¡Todos! Siempre lo recordamos y nunca hablamos de ello.

TRINI.—*(Con un suspiro.)* Déjalo. No te preocupes.

(MANOLÍN, *que las ve bajar, se interpone en su camino y las saluda con alegría. Ellas se paran.*)

MANOLÍN.—¡Hola, Trini!

TRINI.—*(Cariñosa.)* ¡Mala pieza! *(Él lanza al aire, con orgullo, una bocanada de humo.)* ¡Madre mía! ¿Pues no está fumando? ¡Tira eso en seguida, cochino!

(Intenta tirarle el cigarrillo de un manotazo y él se zafa.)

MANOLÍN.—¡Es que hoy es mi cumpleaños!

TRINI.—¡Caramba! ¿Y cuántos cumples?

MANOLÍN.—Doce. ¡Ya soy un hombre!

TRINI.—Si te hago un regalo, ¿me lo aceptarás?

MANOLÍN.—¿Qué me vas a dar?

TRINI.—Te daré dinero para que te compres un pastel.

MANOLÍN.—Yo no quiero pasteles.

TRINI.—¿No te gustan?

MANOLÍN.—No. Prefiero que me regales una cajetilla de tabaco.

TRINI.—¡Ni lo sueñes! Y tira ya eso.

MANOLÍN.—No quiero. *(Pero ella consigue tirarle el cigarrillo.)* Oye, Trini... Tú me quieres mucho, ¿verdad?

TRINI.—Naturalmente.

MANOLÍN.—Oye..., quiero preguntarte una cosa.

(Mira de reojo a ROSA *y trata de arrastrar a* TRINI *hacia el «casinillo».)*

Trini.—¿Dónde me llevas?

Manolín.—Ven. No quiero que me oiga Rosa.

Rosa.—¿Por qué? Yo también te quiero mucho. ¿Es que no me quieres tú?

Manolín.—No.

Rosa.—¿Por qué?

Manolín.—Porque eres vieja y gruñona.

(Rosa *se muerde los labios y se separa hacia la barandilla.*)

Trini.—*(Enfadada.)* ¡Manolín!

Manolín.—(Tirando de Trini.) Ven... *(Ella le sigue, sonriente. Él la detiene con mucho misterio.)* ¿Te casarás conmigo cuando sea mayor?

(Trini *rompe a reír* Rosa, *con cara triste, los mira desde la barandilla.*)

Trini.—*(Risueña, a su hermana.)* ¡Una declaración!

Manolín.—*(Colorado.)* No te rías y contéstame.

Trini.—¡Qué tontería! ¿No ves que ya soy vieja?

Manolín.—No.

Trini.—*(Conmovida.)* Sí, hijo, sí. Y cuando tú seas mayor, yo seré una ancianita.

Manolín.—No me importa. Yo te quiero mucho.

Trini.—*(Muy emocionada y sonriente, le coge la cara entre las manos y le besa.)* ¡Hijo! ¡Qué tonto eres! ¡Tonto! *(Besándole.)* No digas simplezas. ¡Hijo! *(Besándole.)* ¡Hijo!

(Se separa y va ligera a emparejar con Rosa.)

Manolín.—Oye...

Trini.—*(Conduciendo a Rosa, que sigue seria.)* ¡Calla, simple! Y ya veré lo que te regalo: si un pastel... o una cajetilla.

(Se van rápidas. Manolín las ve bajar y luego, dándose mucha importancia, saca otro cigarrillo y otra cerilla. Se sienta en el suelo del «casinillo» y fuma despacio, perdido en sus imaginaciones de niño. Se abre el III y sale Carmina, hija de Carmina y de Urbano. Es una atolondrada chiquilla de unos dieciocho años. Paca la despide desde la puerta.)

Carmina, hija.—Hasta luego, abuela. *(Avanza dando fuertes golpes en la barandilla, mientras tararea.)* La, ra, ra..., la, ra, ra...

Paca.—¡Niña!

Carmina, hija.—*(Volviéndose.)* ¿Qué?

Paca.—No des así en la barandilla. ¡La vas a romper! ¿No ves que está muy vieja?

Carmina, hija.—Que pongan otra.

Paca.—Que pongan otra... Los jóvenes, en cuanto una cosa está vieja, sólo sabéis tirarla. ¡Pues las cosas viejas hay que conservarlas! ¿Te enteras?

Carmina, hija.—A ti, como eres vieja, te gustan las vejeces.

Paca.—Lo que quiero es que tengas más respeto para... la vejez.

Carmina, hija.—*(Que se vuelve rápidamente y la abruma a besos.)* ¡Boba! ¡Vieja guapa!

Paca.—*(Ganada, pretende desasirse.)* ¡Quita, quita, hipócrita! ¡Ahora vienes con cariñitos!

Carmina, hija.—Anda para dentro.

Paca.—¡Qué falta de vergüenza! ¿Crees que vas a mandar en mí? *(Forcejean.)* ¡Déjame!

Carmina, hija.—Entra...

(La resistencia de Paca acaba en una débil risilla de anciana.)

Paca.—*(Vencida.)* ¡No te olvides de comprar ajos!

(Carmina cierra la puerta en sus narices. Vuelve a bajar, rápida, sin dejar sus golpes al pasamanos ni su tarareo. La puerta del II se abre por Fernando, hijo de Fernando y

ELVIRA. *Sale en mangas de camisa. Es arrogante y pueril. Tiene veintiún años.)*

FERNANDO, HIJO.—Carmina.

(Ella, en los primeros escalones aún, se inmoviliza y calla, temblorosa, sin volver la cabeza. Él baja en seguida a su altura. MANOLÍN *se disimula y escucha con infantil picardía.)*

CARMINA, HIJA.—¡Déjame, Fernando! Aquí, no. Nos pueden ver.

FERNANDO, HIJO.—¡Qué nos importa!

CARMINA, HIJA.—Déjame.

(Intenta seguir Él la detiene con brusquedad.)

FERNANDO, HIJO.—¡Escúchame, te digo! ¡Te estoy hablando!

CARMINA, HIJA.—*(Asustada.)* Por favor, Femando.

FERNANDO, HIJO.—No. Tiene que ser ahora. Tienes que decirme en seguida por qué me has esquivado estos días. *(Ella mira, angustiada, por el hueco de la escalera.)* ¡Vamos, contesta! ¿Por qué? *(Ella mira a la puerta de su casa.)* ¡No mires más! No hay nadie.

CARMINA, HIJA.—Fernando, déjame ahora. Esta tarde podremos vemos donde el último día.

FERNANDO, Hijo.—De acuerdo. Pero ahora me vas a decir por qué no has venido estos días.

(*Ella consigue bajar unos peldaños más. Él la retiene y la sujeta contra la barandilla.*)

CARMINA, HIJA.—¡Fernando!

FERNANDO, HIJO.—¡Dímelo! ¿Es que ya no me quieres? (*Pausa.*) No me has querido nunca, ¿verdad? Ésa es la razón. ¡Has querido coquetear conmigo, divertirte conmigo!

CARMINA, HIJA.—No, no...

FERNANDO, HIJO.—Sí. Eso es. (*Pausa.*) ¡Pues no te saldrás con la tuya!

CARMINA, HIJA.—Fernando, yo te quiero. ¡Pero déjame! ¡Lo nuestro no puede ser!

FERNANDO, HIJO.—¿Por qué no puede ser?

CARMINA, HIJA.—Mis padres no quieren.

FERNANDO, HIJO.—¿Y qué? Eso es un pretexto. ¡Un mal pretexto!

CARMINA, HIJA.—No, no..., de verdad. Te lo juro.

FERNANDO, HIJO.—Si me quisieras de verdad no te importaría.

CARMINA, HIJA.—(*Sollozando.*) Es que... me han amenazado y... me han pegado...

Fernando, hijo.—¡Cómo!

Carmina, hija.—Sí. Y hablan mal de ti... y de tus padres... ¡Déjame, Fernando! *(Se desprende. Él está paralizado.)* Olvida lo nuestro. No puede ser... Tengo miedo...

(Se va rápidamente, llorosa. Fernando *llega hasta el rellano y la mira bajar, abstraído. Después se vuelve y ve a* Manolín. *Su expresión se endurece.)*

Fernando, hijo.—¿Qué haces aquí?

Manolín.—*(Muy divertido.)* Nada.

Fernando, hijo.—Anda para casa.

Manolín.—No quiero.

Fernando, hijo.—¡Arriba, te digo!

Manolín.—Es mi cumpleaños y hago lo que quiero. ¡Y tú no tienes derecho a mandarme!

(Pausa.)

Fernando, hijo.—Si no fueras el favorito..., ya te daría yo cumpleaños.

(Pausa. Comienza a subir mirando a Manolín *con suspicacia. Éste contiene con trabajo la risa.)*

Manolín.—*(Envalentonado.)* ¡Qué entusiasmado estás con Carmina!

Fernando, hijo.—*(Bajando al instante.)* ¡Te voy a cortar la lengua!

Manolín.—*(Con regocijo.)* ¡Parecíais dos novios de película! *(En tono cómico.)* «¡No me abandones, Nelly! ¡Te quiero, Bob!». (Fernando *le da una bofetada. A* Manolín *se le saltan las lágrimas y se esfuerza, rabioso, en patear las espinillas y los pies de su hermano.)* ¡Bruto!

Fernando, hijo.—*(Sujetándole.)* ¿Qué hacías en el «casinillo»?

Manolín.—¡No te importa! ¡Bruto! ¡Idiota!... ¡¡Romántico!!

Fernando, hijo.—Fumando, ¿eh? *(Señala las colillas en el suelo.)* Ya verás cuando se entere papá.

Manolín.—¡Y yo le diré que sigues siendo novio de Carmina!

Fernando, hijo.—*(Apretándole un brazo.)* ¡Qué bien trasteas a los padres, marrano, hipócrita! ¡Pero los pitillos te van a costar caros!

Manolín.—*(Que se desase y sube presuroso el tramo.)* ¡No te tengo miedo! Y diré lo de Carmina. ¡Lo diré ahora mismo!

(Llama con apremio al timbre de su casa.)

Fernando, hijo.—*(Desde la barandilla del primer rellano.)* ¡Baja, chivato!

Manolín.—No. Además, esos pitillos no son míos.

Fernando, hijo.—¡Baja!

(Fernando, *el padre, abre la puerta.*)

Manolín.—Papá, Fernando estaba besándose con Carmina en la escalera!

Fernando, hijo.—¡Embustero!

Manolín.—Sí, papá. Yo no los veía porque estaba en el «casinillo»; pero...

Fernando.—*(A* Manolín.*)* Pasa para adentro.

Manolín.—Papá, te aseguro que es verdad.

Fernando.—Adentro. *(Con un gesto de burla a su hermano,* Manolín *entra.)* Y tú, sube.

Fernando, hijo.—Papá, no es cierto que me estuviera besando con Carmina.

(Empieza a subir.)

Fernando.—¿Estabas con ella?

Fernando, hijo.—Sí.

Fernando.—¿Recuerdas que te hemos dicho muchas veces que no tontearas con ella?

Fernando, hijo.—*(Que ha llegado al rellano.)* Sí.

FERNANDO.—Y has desobedecido...

FERNANDO, HIJO.—Papá... Yo...

FERNANDO.—Entra. *(Pausa.)* ¿Has oído?

FERNANDO, HIJO.—*(Rebelándose.)* ¡No quiero! ¡Se acabó!

FERNANDO.—¿Qué dices?

FERNANDO, HIJO.—¡No quiero entrar! ¡Ya estoy harto de vuestras estúpidas prohibiciones!

FERNANDO.—*(Conteniéndose.)* Supongo que no querrás escandalizar para los vecinos...

FERNANDO, HIJO.—¡No me importa! ¡También estoy harto de esos miedos! (ELVIRA, *avisada sin duda por* MANOLÍN, *sale a la puerta.)* ¿Por qué no puedo hablar con Carmina, vamos a ver? ¡Ya soy un hombre!

ELVIRA.—*(Que interviene con acritud.)* ¡No para Carmina!

FERNANDO.—*(A* ELVIRA.*)* ¡Calla! *(A su hijo.)* Y tú, entra. Aquí no podemos dar voces.

FERNANDO, HIJO.—¿Qué tengo yo que ver con vuestros rencores y vuestros viejos prejuicios? ¿Por qué no vamos a poder querernos Carmina y yo?

ELVIRA.—¡Nunca!

FERNANDO.—No puede ser, hijo.

Fernando, hijo.—Pero ¿por qué?

Fernando.—Tú no lo entiendes. Pero entre esa familia y nosotros no puede haber noviazgos.

Fernando, hijo.—Pues os tratáis.

Fernando.—Nos saludamos, nada más. *(Pausa.)* A mí, realmente, no me importaría demasiado. Es tu madre...

Elvira.—Claro que no. ¡Ni hablar de la cosa!

Fernando.—Los padres de ella tampoco lo consentirían. Puedes estar seguro.

Elvira.—Y tú debías ser el primero en prohibírselo, en vez de halagarle con esas blanduras improcedentes.

Fernando.—¡Elvira!

Elvira.—¡Improcedentes! *(A su hijo.)* Entra, hijo.

Fernando, hijo.—Pero mamá... Papá... ¡Cada vez lo entiendo menos! Os empeñáis en no comprender que yo... ¡no puedo vivir sin Carmina!

Fernando.—Eres tú el que no nos comprendes. Yo te lo explicaré todo, hijo.

Elvira.—No tienes que explicar nada! *(A su hijo.)* Entra.

Fernando.—Hay que explicarle, mujer... *(A su hijo.)* Entra, hijo.

Fernando, hijo.—*(Entrando, vencido.)* No os comprendo... No os comprendo.

(Cierran. Pausa. Trini *y* Rosa *vuelven de la compra.)*
Trini.—¿Y no le has vuelto a ver?

Rosa.—¡Muchas veces! Al principio no me saludaba, me evitaba. Y yo, como una tonta, le buscaba. Ahora es al revés.

Trini.—¿Te busca él?

Rosa.—Ahora me saluda, y yo a él no. ¡Canalla! Me ha entretenido durante años para dejarme cuando ya no me mira a la cara nadie.

Trini.—Estará ya viejo...

Rosa.—¡Muy viejo! Y muy gastado. Porque sigue bebiendo y trasnochando.

Trini.—¡Qué vida!

Rosa.—Casi me alegro de no haber tenido hijos con él. No habrían salido sanos. *(Pausa.)* ¡Pero yo hubiera querido tener un niño, Trini! Y hubiese querido que él no fuese como era... y que el niño se le hubiese parecido.

Trini.—Las cosas nunca suceden a nuestro gusto.

Rosa.—No. *(Pausa.)* ¡Pero, al menos, un niño! ¡Mi vida se habría llenado con un niño!

(Pausa.)

Trini.—... La mía también.

Rosa.—¿Eh? *(Pausa breve.)* Claro. ¡Pobre Trini! ¡Qué lástima que no te hayas casado!

Trini.—*(Deteniéndose, sonríe con pena.)* ¡Qué iguales somos en el fondo tú y yo!

Rosa.—Todas las mujeres somos iguales en el fondo.

Trini.—Sí... Tú has sido el escándalo de la familia y yo la víctima. Tú quisiste vivir tu vida y yo me dediqué a la de los demás. Te juntaste con un hombre y yo sólo conozco el olor de los de la casa... Ya ves: al final hemos venido a fracasar de igual manera.

(Rosa *la enlaza y aprieta suavemente su talle.* Trini *la imita. Llegan enlazadas a la puerta.)*

Rosa.—*(Suspirando.)* Abre...

Trini.—*(Suspirando.)* Sí... Ahora mismo.

(Abre con el llavín y entran. Pausa. Suben Urbano, Carmina *y su hija. El padre viene riñendo a la muchacha, que atiende tristemente sumisa. La madre se muestra jadeante y muy cansada.)*

Urbano.—¡Y no quiero que vuelvas a pensar en Fernando! Es como su padre: un inútil.

Carmina.—¡Eso!

Urbano.—Más de un pitillo nos hemos fumado el padre y yo ahí mismo *(Señala al «casinillo»)*, cuando éramos jóvenes. Me acuerdo muy bien. Tenía muchos pajaritos en la cabeza. Y su hijo es como él: un gandul. Así es que no quiero ni oírte su nombre. ¿Entendido?

Carmina, hija.—Si, padre.

(La madre se apoya, agotada, en el pasamanos.)

Urbano.—¿Te cansas?

Carmina.—Un poco.

Urbano.—Un esfuerzo. Ya no queda nada. *(A la hija, dándole la llave.)* Toma, ve abriendo. *(Mientras la muchacha sube y entra, dejando la puerta entornada.)* ¿Te duele el corazón?

Carmina.—Un poquillo...

Urbano.—¡Dichoso corazón!

Carmina.—No es nada. Ahora se pasará.
(Pausa.)

Urbano.—¿Por qué no quieres que vayamos a otro médico?

Carmina.—*(Seca.)* Porque no.

Urbano.—¡Una testarudez tuya! Puede que otro médico consiguiese...

Carmina.—Nada. Esto no tiene arreglo; es de la edad... y de las desilusiones.

Urbano.—¡Tonterías! Podíamos probar...

Carmina.—¡Que no! ¡Y déjame en paz!

(Pausa.)

Urbano.—¿Cuándo estaremos de acuerdo tú y yo en algo?

Carmina.—*(Con amargura.)* Nunca.

Urbano.—Cuando pienso lo que pudiste haber sido para mí... ¿Por qué te casaste conmigo si no me querías?

Carmina.—*(Seca.)* No te engañé. Tú te empeñaste.

Urbano.—Sí. Supuse que podría hacerte olvidar otras cosas... Y esperaba más correspondencia, más...

Carmina.—Más agradecimiento.

Urbano.—No es eso. *(Suspira.)* En fin, paciencia.

Carmina.—Paciencia.

(Paca *se asoma y los mira. Con voz débil, que contrasta con la fuerza de una pregunta igual hecha veinte años antes:)*

Paca.—¿No subís?

Urbano.—Sí.

Carmina.—Sí. Ahora mismo.

(Paca *se mete.*)

Urbano.—¿Puedes ya?

Carmina.—Sí.

(Urbano *le da el brazo. Suben lentamente, silenciosos. De peldaño en peldaño se oye la dificultosa respiración de ella. Llegan finalmente y entran. A punto de cerrar,* Urbano *ve a* Fernando, *el padre, que sale del II y emboca la escalera. Vacila un poco y al fin se decide a llamarle cuando ya ha bajado unos peldaños.)*

Urbano.—Fernando.

Fernando.—*(Volviéndose.)* Hola. ¿Qué quieres?

Urbano.—Un momento. Haz el favor.

Fernando.—Tengo prisa.

Urbano.—Es sólo un minuto.

Fernando.—¿Qué quieres?

Urbano.—Quiero hablarte de tu hijo.

Fernando.—¿De cuál de los dos?

Urbano.—De Fernando.

Fernando.—¿Y qué tienes que decir de Fernando?

Urbano.—Que harías bien impidiéndole que sonsacase a mi Carmina.

Fernando.—¿Acaso crees que me gusta la cosa? Ya le hemos dicho todo lo necesario. No podemos hacer más.

Urbano.—¿Luego lo sabías?

Fernando.—Claro que lo sé. Haría falta estar ciego...

Urbano.—Lo sabías y te alegrabas, ¿no?

Fernando.—¿Que me alegraba?

Urbano.—¡Sí! Te alegrabas. Te alegrabas de ver a tu hijo tan parecido a ti mismo... De encontrarle tan irresistible como lo eras tú hace treinta años.

(Pausa.)

Fernando.—No quiero escucharte. Adiós.

(Va a marcharse.)

Urbano.—¡Espera! Antes hay que dejar terminada esta cuestión. Tu hijo...

Fernando.—*(Sube y se enfrenta con él.)* Mi hijo es una víctima, como lo fui yo. A mi hijo le gusta Carmina porque ella se le ha puesto delante. Ella es quien le saca de sus casillas. Con mucha mayor razón podría yo decirte que la vigilases.

Urbano.—¡Ah, en cuanto a ella puedes estar seguro! Antes la deslomo que permitir que se entienda con tu Fernandito. Es a él a quien tienes que sujetar y encarrilar. Porque es como tú eras: un tenorio y un vago.

Fernando.—¿Yo un vago?

Urbano.—Sí. ¿Dónde han ido a parar tus proyectos de trabajo? No has sabido hacer más que mirar por encima del hombro a los demás. ¡Pero no te has emancipado, no te has libertado! *(Pegando en el pasamanos.)* ¡Sigues amarrado a esta escalera, como yo, como todos!

Fernando.—Sí como tú. También tú ibas a llegar muy lejos con el sindicato y la solidaridad. *(Irónico.)* Ibais a arreglar las cosas para todos... Hasta para mí.

Urbano.—¡Sí! ¡Hasta para los zánganos y cobardes como tú!

(Carmina, *la madre, sale al descansillo después de escuchar un segundo e interviene. El altercado crece en violencia hasta su final.*)

CARMINA.—¡Eso! ¡Un cobarde! ¡Eso es lo que has sido siempre! ¡Un gandul y un cobarde!

URBANO.—¡Tú cállate!

CARMINA.—¡No quiero! Tenía que decírselo. *(A* FERNANDO.*)* ¡Has sido un cobarde toda tu vida! Lo has sido para las cosas más insignificantes.., y para las más importantes. *(Lacrimosa.)* ¡Te asustaste como una gallina cuando hacía falta ser un gallo con cresta y espolones!

URBANO.—*(Furioso.)* ¡Métete para adentro!

CARMINA.—¡No quiero! *(A* FERNANDO.*)* Y tu hijo es como tú: un cobarde, un vago y un embustero. Nunca se casará con mi hija, ¿entiendes?

(Se detiene, jadeante.)

FERNANDO.—Ya procuraré yo que no haga esa tontería.

URBANO.—Para vosotros no sería una tontería, porque ella vale mil veces más que él.

FERNANDO.—Es tu opinión de padre. Muy respetable. *(Se abre el II aparece* ELVIRA, *que escucha y los contempla.)* Pero Carmina es de la pasta de su familia. Es como Rosita...

URBANO.—*(Que se acerca a él rojo de rabia.)* Te voy a...

(Su mujer le sujeta.)

Fernando.—¡Sí! ¡A tirar por el hueco de la escalera! Es tu amenaza favorita. Otra de las cosas que no has sido capaz de hacer con nadie.

Elvira.—*(Avanzando.)* ¿Por qué te avienes a discutir con semejante gentuza? (Fernando, hijo, y Manolín *ocupan la puerta y presencian la escena con disgustado asombro.*) Vete a lo tuyo.

Carmina.—¡Una gentuza a la que no tiene usted derecho a hablar!

Elvira.—Y no la hablo.

Carmina.—¡Debería darle vergüenza! ¡Porque usted tiene la culpa de todo esto!

Elvira.—¿Yo?

Carmina.—Sí, usted, que ha sido siempre una zalamera y una entrometida...

Elvira.—¿Y usted qué ha sido? ¡Una mosquita muerta! Pero le salió mal la combinación.

Fernando.—*(A su mujer.)* Estáis diciendo muchas tonterías...

(Carmina, hija; Paca, Rosa y Trini *se agolpan en su puerta.*)

Elvira.—¡Tú te callas! *(A* Carmina, *por* Fernando.) ¿Cree usted que se lo quité? ¡Se lo regalaría de buena gana!

Fernando.—¡Elvira, cállate! ¡Es vergonzoso!

Urbano.—*(A su mujer.)* ¡Carmina, no discutas eso!

Elvira.—*(Sin atender a su marido.)* Fue usted, que nunca supo retener a nadie, que no ha sido capaz de conmover a nadie..., ni de conmoverse.

Carmina.—¡Usted, en cambio, se conmovió a tiempo! ¡Por eso se lo llevó!

Elvira.—¡Cállese! ¡No tiene derecho a hablar! Ni usted ni nadie de su familia puede rozarse con personas decentes. Paca ha sido toda su vida una murmuradora... y una consentidora. *(A Urbano.)* ¡Como usted! Consentidores de los caprichos de Rosita... ¡Una cualquiera!

Rosa.—¡Deslenguada! ¡Víbora!

(Se abalanza y la agarra del pelo. Todos vocean. Carmina pretende pegar a Elvira. Urbano trata de separarlas. Fernando sujeta a su mujer. Entre los dos consiguen separarlas a medias. Fernando, hijo, con el asco y la amargura pintados en su faz, avanza despacio por detrás del grupo y baja los escalones, sin dejar de mirar, tanteando la pared a sus espaldas. Con desesperada actitud sigue escuchando desde el «casinillo» la disputa de los mayores.)

Fernando.—¡Basta! ¡Basta ya!

Urbano.—*(A los suyos.)* ¡Adentro todos!

Rosa.—*(A Elvira.)* ¡Si yo me junté con Pepe y me salió mal, usted cazó a Fernando!

ELVIRA.—¡Yo no he cazado a nadie!

ROSA.—¡A Femando!

CARMINA.—¡Sí! ¡A Femando!
ROSA.—Y le ha durado. Pero es tan chulo como Pepe.

FERNANDO.—¿Cómo?

URBANO.—*(Enfrentándose con él.)* ¡Claro que sí! ¡En eso llevan razón! Has sido un cazador de dotes. En el fondo, igual que Pepe. ¡Peor! ¡Porque tú has sabido nadar y guardar la ropa!
FERNANDO.—¡No te parto la cabeza porque...!

(Las mujeres los sujetan ahora.)

URBANO.—¡Porque no puedes! ¡Porque no te atreves! ¡Pero a tu niño se la partiré yo como le vea rondar a Carmina!

PACA.—¡Eso! ¡A limpiarse de mi nieta!

URBANO.—*(Con grandes voces.)* ¡Y se acabó! ¡Adentro todos!

(Los empuja rudamente.)

ROSA.—*(Antes de entrar, a* ELVIRA.*)* ¡Pécora!

CARMINA.—*(Lo mismo.)* ¡Enredadora!

ELVIRA.—¡Escandalosas! ¡Ordinarias!

(URBANO *logra hacer entrar a los suyos y cierra con un tremendo portazo.*)

FERNANDO.—*(A* ELVIRA *y* MANOLÍN.*)* ¡Vosotros, para dentro también!

ELVIRA.—*(Después de considerarle un momento con desprecio.)* ¡Y tú a lo tuyo, que ni para eso vales!

(Su marido la mira violento. Ella mete a MANOLÍN *de un empujón y cierra también con un portazo.* FERNANDO *baja tembloroso la escalera, con la lentitud de un vencido. Su hijo,* FERNANDO, *lo ve cruzar y desaparecer con una mirada de espanto. La escalera queda en silencio.* FERNANDO, HIJO, *oculta la cabeza entre las manos. Pausa larga.* CARMINA, HIJA, *sale con mucho sigilo de su casa y cierra la puerta sin ruido. Su cara no está menos descompuesta que la de* FERNANDO. *Mira por el hueco y después fija la vista, con ansiedad, en la esquina del «casinillo». Baja tímidamente unos peldaños, sin dejar de mirar.* FERNANDO *la siente y se asoma.)*

FERNANDO, HIJO.—¡Carmina!... *(Aunque esperaba su presencia, ella no puede reprimir un suspiro de susto. Se miran un momento y en seguida ella baja corriendo y se arroja en sus brazos.)* ¡Carmina!

CARMINA, HIJA.—¡Fernando! Ya ves... Ya ves que no puede ser.

FERNANDO, HIJO.—¡Sí puede ser! No te dejes vencer por su sordidez. ¿Qué puede haber de común entre ellos y nosotros? ¡Nada! Ellos son viejos y torpes. No comprenden... Yo lucharé para vencer. Lucharé por ti y por mí. Pero tienes que ayudarme, Carmina. Tienes que confiar en mí y en nuestro cariño.

Carmina, hija.—¡No podré!

Fernando, hijo.—Podrás. Podrás... porque yo te lo pido. Tenemos que ser más fuertes que nuestros padres. Ellos se han dejado vencer por la vida. Han pasado treinta años subiendo y bajando esta escalera... Haciéndose cada día más mezquinos y más vulgares. Pero nosotros no nos dejaremos vencer por este ambiente. ¡No! Porque nos marcharemos de aquí. Nos apoyaremos el uno en el otro. Me ayudarás a subir, a dejar para siempre esta casa miserable, estas broncas constantes, estas estrecheces. Me ayudarás, ¿verdad? Dime que sí, por favor. ¡Dímelo!

Carmina, hija.—¡Te necesito, Fernando! ¡No me dejes!

Fernando, hijo.—¡Pequeña! *(Quedan un momento abrazados. Después, él la lleva al primer escalón y la sienta junto a la pared, sentándose a su lado. Se cogen las manos y se miran arrobados.)* Carmina, voy a empezar en seguida a trabajar por ti. ¡Tengo muchos proyectos! (Carmina, *la madre, sale de su casa con expresión inquieta y los divisa, entre disgustada y angustiada. Ellos no se dan cuenta.)* Saldré de aquí. Dejaré a mis padres. No los quiero. Y te salvaré a ti. Vendrás conmigo. Abandonaremos este nido de rencores y de brutalidad.

Carmina, hija.—¡Fernando!

(Fernando, *el padre, que sube la escalera, se detiene, estupefacto, al entrar en escena.*)

Fernando, hijo.—Sí, Carmina. Aquí sólo hay brutalidad e incomprensión para nosotros. Escúchame. Si tu cariño no me falta, emprenderé muchas cosas. Primero me haré aparejador. ¡No es difícil! En unos años me haré un buen aparejador. Ganaré mucho dinero y me solicitarán todas las empresas constructoras. Para entonces ya estaremos casados... Tendremos nuestro hogar, alegre y limpio..., lejos de aquí. Pero no dejaré de estudiar por eso. ¡No, no, Carmina! Entonces me haré ingeniero. Seré el mejor ingeniero del país y tú serás mi adorada mujercita...

Carmina, hija.—¡Fernando! ¡Qué felicidad!... ¡Qué felicidad!

Fernando, hijo.—¡Carmina!

(*Se contemplan extasiados, próximos a besarse. Los padres se miran y vuelven a observarlos. Se miran de nuevo, largamente. Sus miradas, cargadas de una infinita melancolía, se cruzan sobre el hueco de la escalera sin rozar el grupo ilusionado de los hijos.*)

TELÓN

Escuadra hacia la muerte

Drama en dos partes

Este drama fue estrenado por el Teatro Popular Universitario, el 18 de marzo de 1953, en el teatro María Guerrero, de Madrid,

Personajes

Soldado Adolfo Lavin
Soldado Pedro Recke
Soldado Luis Foz
Cabo Goban
Soldado Javier Gadda
Soldado Andrés Jacob

La acción, en la casa de un guardabosques.
Tercera guerra mundial.

Parte Primera

Cuadro Primero

Interior de la casa de un guardabosques, visible por un corte vertical. Denso fondo de árboles. Explanada en primer término. Es la única habitación de la casa. Chimenea encendida. En los alrededores de la chimenea, en desorden, los petates de seis soldados. En un rincón, ordenados en su soporte, cinco fusiles y un fusil ametrallador. Cajas de municiones. Una barrica de agua. Un teléfono de campaña. Una batería eléctrica. Un gran montón de leña. Una caja de botiquín, con una cruz roja. Puerta al foro y ventana grande en muro oblicuo a la boca del escenario.
(Es la hora del crepúsculo. Alrededor de la lumbre, Luis, Adolfo *y* Pedro, *sentados en sus colchonetas dobladas, juegan a los dados.* Javier, *tumbado en su colchoneta extendida, dormita. Aparte, el* Cabo Goban *limpia cuidadosamente su fusil. Empieza la acción.)*

Adolfo. —*(Echa los dados.)* —Dos ases.

Pedro. —*(Lo mismo.)* —Uno. Eh, tú, Luis, te toca a ti.

Luis. —*(Que parece distraído.)* —¿Eh?

Pedro. —Que te toca a ti.

*(*Luis *no dice nada. Echa los dados, uno a uno, en el cubilete y juega. No mira la jugada.)*

ADOLFO. —Has perdido. Y llevas dos. Tira. *(Luis juega de nuevo.)* Dos damas. Tira. *(Luis echa tres dados en el cubilete y juega.)* Cuatro. Está bien. *(Luis no suelta el cubilete.)* ¿Me das el cubilete?

LUIS. —Ah, sí..., perdona.

(Se lo da, y ADOLFO echa los dados.)

PEDRO. —¿Qué te pasa? ¿Es que no te encuentras bien?

LUIS. —Es que... debo tener un poco de fiebre. Siento *(Por la frente.)* calor aquí.

PEDRO. —Echate un poco a ver si se te pasa.

LUIS. —No. Prefiero... Si me acuesto es peor... Prefiero no acostarme. Ya se me pasará ¿Quién tira?

ADOLFO. —Yo. *(Tira. Contrariado, vuelve a echar los cinco dados y juega.)* Tres reyes.

PEDRO. *(Juega.)* Dos... *(Vuelve a tirar.)* y cuatro. Apúntate otra.

(Se lo dice a ADOLFO.)

ADOLFO. —Ya lo sé. *(Bosteza. Juega y ríe.)* Cinco rojos. Me basta.

PEDRO. —*(Juega.)* Menos. *(A LUIS.)* Tú. *(Pero LUIS no le escucha. Tiene la cabeza inclinada y se aprieta las sienes con los puños. Está sudando.)* Luis, pero ¿qué te ocurre?

Luis. —*(Gime.)* Me duele mucho la cabeza. *(Levanta la vista. Tiene lágrimas en los ojos.)* Debió ser ayer, durante la guardia... Cogí frío... El frío no me hace bien... desde pequeño. *(Gime.)* Me duele mucho.

Pedro. —Espera.

(Se levanta y va al fondo. Abre una caja de botiquín y saca un tubo. Extrae una pastilla. Saca un vaso del bolsillo y coge agua. Echa la pastilla.)

Cabo. —*(Sin volverse.)* ¿Qué haces?

Pedro. —Es una tableta.., para Luis. No se encuentra bien.

Cabo. —*(Sin levantar la cabeza.)* ¿Qué le pasa?

Pedro. —Le duele la cabeza. Está malo.

Cabo. —Esa caja no se abre sin mi permiso. No podemos malgastar los medicamentos. ¿Entendido? Pero aunque los tuviéramos de sobra.

Pedro. —Sí, cabo.

Cabo. —*(Sonríe duramente.)* Estoy hablando en general; ¿comprendes? Si a ése le duele tanto la cabeza le das el calmante y no hay más que hablar. Yo también soy compasivo, aunque a veces no lo parezca. Bueno, ya sabéis que esta situación puede prolongarse mucho tiempo y que no estamos autorizados para pedir ayuda a la Intendencia. El mando nos ha dado víveres y medicinas para dos meses. Durante estos dos meses no existimos para nadie. Está anotada la fecha en que empezamos a contar otra vez... En febrero... Mientras tanto, los que saben que estamos aquí piensan en otras cosas. Pero, además..., es que soy el jefe de la escuadra. ¿Sabéis lo que es eso? *(Levanta la cabeza.)* Bien, ¿qué esperas?

(Pedro da un taconazo y vuelve con los otros. El Cabo continúa en su tarea.)

Pedro. —*(Le da el vaso a Luis.)* Tómate esto.

Luis. —*(Lo toma.)* Gracias.
(Se recuesta en la pared y queda en silencio.)

Pedro. —*(A Adolfo.)* ¿Quieres un pitillo?

Adolfo. —Bueno. *(Encienden. El Cabo ha empezado a canturrear una canción.)* Ya está ése cantando.

Pedro. —Sí. Se ve que le gusta... esa canción.

Adolfo. —Me crispa los nervios oírle.

Pedro. —¿Por qué?

Adolfo. —Eso no se sabe. No le gusta a uno y basta.

(Pedro echa un tronco en la chimenea.)

Pedro. —Se está bien aquí, ¿eh? Alrededor del fuego. *(Fuma. Atiza el fuego.)* Me recuerda mi pueblo.

A estas horas nos reuníamos toda la familia junto a la lumbre.

Adolfo. —Yo también soy de pueblo. Pero he vivido toda mi vida en la capital.

Pedro. —Yo salí de la aldea a los dieciocho años y no he vuelto nunca. Tengo veintinueve.

Adolfo. —¿A qué te dedicabas?

Pedro. —Trabajaba en una fábrica. ¿Y tú?

Adolfo. —Negocios. *(Pausa. Fuman. Baja la voz.)* Oye, ¿es que ése no pasa frío?

Pedro. —*(Pone el dedo en la boca.)* Cállate. Te va a oír y tiene muy malas pulgas.

Adolfo. —Ya lo sé. ¿Y a mí qué me importa? ¿Por pié no se sienta a la lumbre con nosotros? Es un tipo que no me hace gracia. Nos trata a patadas el muy bestia. (El Cabo *sigue canturreando.*) Seguramente se cree que es alguien, y no tiene más que un cochino galón de cabo. —Este es uno de esos «primera» que se creen generales.

Pedro. —¿Te vas a callar o no?

(Pausa.)

Adolfo. —*(Con un ademán brusco arroja el pitillo.)* Tres días que estamos aquí y ya parece una eternidad.

PEDRO. —Yo pienso que si a los cinco días de conocernos ya empezamos así..., mala cosa.

ADOLFO. —Ya empezamos, ¿a qué?

PEDRO. —A no soportarnos.

ADOLFO. —¡Bah!

PEDRO. —La verdad es que esto de no hacer nada... tan sólo esperar..., no es muy agradable.

ADOLFO. —No; no es muy agradable. Sobre todo sabiendo lo que nos espera... si no hay alguien que lo remedie.

PEDRO. —¿Qué quieres decir?

ADOLFO. —Nada.

PEDRO. —Bueno. Yo creo que lo mejor es no amargarse la vida con lo que nos espera o no nos espera. Porque no se sabe nada de lo que va a pasar...

ADOLFO. —Yo he pensado que es posible que la ofensiva no se produzca.

PEDRO. —Es posible. En cuanto a mí, preferiría lo contrario.

ADOLFO. —¡Ah! ¿Prefieres...?

PEDRO. —Sí. Lo que no me gusta es que no pase nada. Hace

tres meses que no pego un tiro y esto no me sienta bien.

Adolfo. —Ahora va a resultar que eres un patriota.

Pedro. —No. No soy un patriota. Es que... bueno, es una historia muy larga de contar.

Adolfo. —¿Por qué te han metido en esta escuadra? Todos sabemos que estamos aquí por algo. Esto es... creo que lo llaman una «escuadra de castigo». Un puesto de peligro y... muy pocas posibilidades de contarlo. Bien, ¿por qué ha sido? No será porque eres un hombre virtuoso, ¿eh?, un angelito.

Pedro. —No, claro... Es que maltraté a unos prisioneros, según dicen.

Adolfo. —¿Qué les hiciste? ¿Arrancarles la piel a tiras? O extraerles cuidadosamente los ojos?

Pedro. —Nada. ¿Qué te importa? Déjame tranquilo.

Adolfo. —Odias a esa gente, ¿no?, al enemigo... al misterioso enemigo. Almas orientales... Refinados y crueles. ¿Los odias?

Pedro. —Con toda mi alma.

Adolfo. —Tendrás... motivos particulares.

Pedro. —*(Con esfuerzo.)* Sí, muy particulares. Verdaderamente... particulares. *(Se levanta y, nervioso, da unos paseos con las manos en los bolsillos. Va a la ventana y queda mirando hacia afuera.)* Buen frío debe hacer fuera, ¿eh, cabo? Vaya tiempo.

(El Cabo *se encoge de hombros. Mete el cerrojo en el fusil y se levanta. Deja el arma en un rincón. Se estira.* Adolfo *le observa en silencio. El* Cabo *se acerca adonde duerme* Javier *y le da con el pie.)*

Cabo. —Eh, tú. Ya está bien de dormir. *(*Javier *se remueve débilmente.)* ¿Lo oyes? ¡Levántate ya!

(Le da de nuevo con el pie. Javier *se incorpora y queda sentado. Saca de un bolsillo unas gafas montadas al aire y se las pone.)*

Javier. —¿Qué hay?

Cabo. —Que ya está bien de dormir. ¿Te has creído que estás de vacaciones?

Javier. —*(Se ha levantado y está en una actitud parecida a «firmes».)* No... no tenía nada que hacer.

Cabo. —Estar atento y dispuesto. ¿Te parece poco? Coge el ametrallador. *(*Javier *va por él y lo coge. Vuelve junto al* Cabo.*)* Está sucio. Límpialo.

Javier. —A sus órdenes.

(Se sienta y trata de limpiarlo, desganadamente.)

Cabo. —Y a ése, ¿qué le pasa? ¿Sigue malo? *(*Adolfo *se encoge de hombros.)* Tú. Basta ya de cuento.

(Luis *no abre los ojos. El* Cabo *le da en la cara con el revés de la mano.*)

Luis. —*(Entreabriendo los ojos, penosamente.)* Me... me sigue doliendo mucho. Como si tuviera algo aquí. *(Por un lado de la cabeza.)* Es... un fuerte dolor.

Cabo. —No te preocupes. Se te quitará en la guardia. Es tu hora.

Luis. —*(Consulta su reloj.) Mi* hora?
(Trata de levantarse.)

Cabo. —Sí, tu hora. ¿Le extraña al «señorito»? *(Cambia de tono.)* Hay que estar atento al reloj, ya lo sabes. Espero que no vuelva a ocurrir..., ibas a llevarte un disgusto. Ni yo soy un bedel ni tú un gracioso colegial. Estás vistiendo un traje militar, pequeño. Si no te has dado cuenta, vas a pasarlo muy mal conmigo. (Luis *se ha levantado. Se pone con mucho trabajo el capote y el correaje. Coge el fusil y, al tratar de colgárselo, vacila. El fusil cae al suelo. Con un rugido:)* ¿En qué estás pensando, idiota? El fusil no se puede caer. *(Entre dientes.)* Eso no puede suceder nunca.

Pedro. —Cabo, me atrevo a decirle que Luis está realmente enfermo. Yo haré su guardia.
Cabo. —Cállate tú.

Pedro. —Es que...

Cabo. —¡Silencio! Y no vuelvas a meterte en lo que no te

importa. Tú vete ya. Yo no puedo admitir que un soldado se ponga enfermo, como una pálida muchachita. Es la hora del relevo y eso es sagrado. *(Luis, vacilante, sale. Hay una ráfaga de aire al abrir la puerta. Un silencio. Pedro está mirando fijamente al cabo. —Este se sienta junto a la lumbre y enciende un pitillo. Observa el trabajo de Javier.)* Ese cierre no está limpio. *(Javier coge la pieza y la mira.)* Puede quedar mejor, ¿no crees? *(Javier no responde. Se limita, con encogimiento de hombros, a limpiarla de nuevo.)* Pedro, trae la barrica.

(Pedro coge un barrilito y se lo lleva al cabo. —Adolfo se acerca y Javier deja el ametrallador para sacar un vaso aplastado del bolsillo. Todos esperan algo. El Cabo extrae con un cazo y reparte una pequeña ración del líquido a cada uno. Adolfo lo saborea. Pedro lo bebe en dos veces. Javier, de un trago.)

Adolfo. —*(Cuando ha saboreado la última gota voluptuosamente.)* Cabo, no creo que un poco más de coñac nos hiciera daño. Sólo.., un poco. Con este frío...

Cabo. —*(Bebiendo lo suyo, que acaba de echarse.)* Lo poco que bebemos es porque hace frío. Hay que tener cuidado con el alcohol. He visto a magníficos soldados perder el respeto al uniforme... por el alcohol.

Pedro. —¿Usted... ha sido soldado toda su vida?

Cabo. —*(Apura el coñac.)* Sí.

Pedro. —*(Tratando de conversar con él.)* Cuánto tiempo hace que viste el uniforme, cabo? Es una forma de preguntarle cuántos años tiene.

Cabo. —Tengo treinta y nueve... A los diecisiete ingresé en la Legión, pero desde pequeño era ya soldado... Me gustaba...

Pedro. —*(Ríe.)* ¡Es usted un hombre que no ha llevado corbata nunca, cabo!

(Una pausa. Pedro *deja de reír. Un silencio.)*

Cabo. —Este es mi verdadero traje. Y vuestro «verdadero traje» ya para siempre. El traje con el que vais a morir. *(Ante el gesto de los otros se ríe él. Ellos se miran con inquietud. El gesto del* Cabo *se endurece, y añade:)* Este es el traje de los hombres: un uniforme de soldado. Los hombres hemos vestido siempre así, ásperas camisas y ropas que dan frío en el invierno y calor en el verano... Correajes... El fusil al hombro... Lo demás son ropas afeminadas..., la vergüenza de la especie. *(Mira a* Javier *detenidamente. Este finge que se le han empañado las gafas y las limpia.)* Pero no basta con vestir este traje..., hay que merecerlo... Esto es lo que yo voy a conseguir de vosotros..., que alcancéis el grado de soldados, para que seáis capaces de morir como hombres. Un soldado no es más que un hombre que sabe morir, y vosotros vais a aprenderlo conmigo. Es lo único que os queda, morir como hombres. Y a eso enseñamos en el Ejército.

PEDRO. —Cabo, había oído decir que en el Ejército se enseñaba a luchar… y a vencer, a pesar de todo.

CABO. —Para luchar y vencer, antes es preciso renunciar a esta perra vida. Vosotros no habéis renunciado aún, ¿verdad? Todavía os queda un cochino resquicio de esperanza. No sois soldados. Sois el desecho, la basura, ya lo sé…, hombres que sólo quieren vivir y no se someten a una disciplina. ¡Indisciplinados y cobardes! Bien. Vais a tragar la disciplina del cabo Goban, la disciplina de un viejo legionario. Necesito una escuadra de soldados para la muerte. Los tendré. Los haré de vosotros. Los superiores saben lo que han hecho poniendo esta escuadra bajo mi mando. Voy a ir con vosotros hasta el final. Voy a morir con vosotros. Pero vais a llegar a la muerte limpios, en perfecto estado de revista. Y lo último que vais a oír en esta tierra es mi voz de mando. ¿Qué os parece la perspectiva?

ADOLFO. —*(Con voz ronca.)* Cabo.

CABO. —¿Qué?

ADOLFO. —*(Con una sonrisa burlona.)* Ya sé qué clase de tipo es usted. Usted es de los que creen que la guerra es hermosa, ¿a que sí?

CABO. —*(Mira a* ADOLFO *fijamente.)* Si a ti no te gusta trata de marcharte. A ver qué ocurre. *(*JAVIER *murmura algo entre dientes.)* ¿Dices algo tú?

Javier. —No, es que... me he hecho daño en un dedo al meter el cierre.

Cabo. —Parece ser que eres «profesor». Tendrás teorías sobre este asunto y sobre todos, supongo. Explícanos tus delicadas teorías. Es hora de que oigamos algo divertido. Vamos! ¡Habla!

Javier. —*(Con nervios.)* Oiga usted, cabo, no tengo interés en hablar de nada, ¿me oye? Estoy aquí y le obedezco. ¿Qué más quiere?

Cabo. —*(Le corta.)* Eh, eh, cuidado. Menos humos. No tolero ese tono..., «profesor».

Javier. —Perdóneme... Es que... estoy nervioso.

Cabo. —En efecto. El «profesor» es un hombre muy nervioso y, además, un perfecto miserable. Me parece que ya es hora de que vayamos conociéndonos.

(En este momento se abre la puerta y aparece Andrés: *capote con el cuello subido, guantes y fusil. Se acerca al* Cabo.*)*

Andrés. —A sus órdenes, cabo.

Cabo. —Siéntate.

Andrés. —Cabo, quería decirle que me ha parecido encontrar a Luis... en malas condiciones para hacer el relevo. Me temo que no se encuentre bien.

Cabo. —Deja eso. Ya lo he reconocido yo antes y no tiene nada. Ahí tienes tu coñac. *(Andrés se quita el correaje y el capote. Se sienta y bebe ávidamente su coñac hasta la última gota.)* Has llegado a tiempo de oír una bonita historia. Estamos hablando del «profesor».

Javier. —Cállese de una vez. Déjeme en paz.

Cabo. —*(Mira fijamente a Javier.)* Desde el primer momento comprendí que no me iba a llevar muy bien contigo. No somos de la misma especie. Te odiaba desde antes de conocerte, desde que, hace una semana, me llamaron y tuve tu expediente en mis manos. Es curioso pensar que hace una semana no os conocíais ninguno. Pero yo os conocía ya a todos. Y vosotros ni siquiera podíais suponer mi existencia, ¿verdad? Sin embargo, ahora nada hay para vosotros más real que yo. *(Ríe.)*

Andrés. —¿Que... le dieron nuestros expedientes?

Cabo. —Sí, vuestras agradables biografías. *(Hay miradas de inquietud.)* Soldado Javier Gadda. Procedente del Regimiento de Infantería número 15. Operaciones al sur del lago Negro, ¿no es verdad?

Javier. —*(Asiente.)* Sí, de allí vengo. Era un infierno de metralla, algo... horrible.

(Se tapa los oídos.)

Cabo. —No te preocupes. Esto es otro infierno. Soldado Adolfo Lavín, 2ª. Compañía de Anticarros... En el Sur. ¿Te acuerdas?

Adolfo. —*(Sombrío.)* No lo he olvidado.

Cabo. —Andrés Jacob. Un bisoño. Del campo de instrucción de Lemberg a una escuadra de castigo. ¿Eres tú?

Andrés. —Sí, yo.

Cabo. —Soldado Pedro Recke. El río Kar... La ofensiva de invierno... Muchos prisioneros, ¿verdad?

Pedro. —Sí.

Cabo. —Tú sí eres soldado, Pedro... y te felicito. Si saliéramos de ésta, me gustaría volver a verte.

Pedro. —*(Serio.)* Gracias.

Cabo. —Si queréis saberlo, yo no estoy aquí para castigaros. Yo no soy otra cosa que un castigado más. No soy un santo. Si lo fuera, no estaría con vosotros.

(Alguna risa fría.)

Pedro. —*(Audazmente.)* Me dijeron que usted... había llegado a algo más en el Ejército. Quiero decir.., que lo degradaron. Era sargento, ¿no?

Cabo. —¿Quién te ha dicho eso? ¿Qué sabes tú de mí? Vamos, dilo.

Pedro. —Poca cosa.

Cabo. —Espero que no me dé vergüenza. Habla.

Pedro. —Me han dicho que tiene tres cruces negras.

Andrés. —¿Cómo «tres cruces negras»? Qué es eso?

Pedro. —Está claro. Que se ha cargado a tres. ¿Es cierto, cabo? (El Cabo *le mira fijamente.*) Cuando era sargento. Dos muertos en acciones de guerra y uno durante un período de instrucción. ¿Es cierto?

Cabo. —*(Después de un silencio.)* Sí. Maté a dos cobardes. A uno porque intentó huir. Esto fue en la guerra pasada. Ya en ésta se repitió la historia... Se negaba a saltar de la trinchera...

(Javier *baja la vista.*)

Pedro. —¿Y el tercero?

Cabo. —*(Sombrío.)* Lo del tercero... fue un accidente.

Pedro. —¿Un accidente?

Cabo. —¡Sí!

(Se levanta. Sombrío, recorre la habitación.)

Pedro. —¿Qué clase de accidente?

CABO. —*(Se pasea.)* En instrucción, explicando el cuerpo a cuerpo, haciendo asalto a la bayoneta... Tuvo él la culpa... Era torpe, se puso nervioso..., no sabía ponerse en guardia...

PEDRO. —¿Lo mató? ¿Allí mismo... quedó muerto?

CABO. —No me di cuenta de lo que hacía. El chico temblaba y estaba pálido. Me dio rabia. Lo tiré al suelo de un golpe, y ya no sé lo que me pasó. Tuve un ataque. Lo rematé yo mismo... allí. Lo cosí a bayonetazos. Me había enfurecido. Era torpe..., un muchacho pálido, con pecas... *(Cambia de tono.)*, y ahora que lo recuerdo me parece que tenía... *(Tuerce la boca.)* una mirada triste...

(Ha ido oscureciendo. Oscuro total.)

Cuadro Segundo

Vuelve la luz poco a poco. Es por la mañana.

(Luis *está acostado.* Javier, *sentado junto a él.* Pedro *barre el suelo.* Andrés *se está afeitando frente a un espejito, junto a la ventana.*)

Javier. —No te preocupes, muchacho. Eso no será nada. Seguramente un poco de frío que has cogido... Te ha bajado la fiebre..., es buena señal...

Pedro. —*(Barriendo.)* Déjalo ahora. A ver si se duerme.

Javier. —*(Se levanta.)* ¿Has oído cómo deliraba esta noche?

Pedro. —Sí. Pobre chico... Seguro que ha tenido cuarenta de fiebre... Qué cosas decía... *(Barre.)* Buen susto me llevé cuando fui a relevarle. Tumbado en el suelo... sin sentido.

Andrés. —*(Que está acabando de afeitarse.)* Ese hombre es un bruto. ¿Por qué le obligó a hacer la guardia si estaba malo? Y vosotros, ¿por qué le dejasteis ir?

Pedro. —Y tú, ¿por qué te viniste, viendo que no podía tenerse en pie? Habértelo traído.

Andrés. —Y dejar el puesto de guardia solo. Ese hombre hubiera sido capaz de matarme. Está loco. No conoce otra norma de conducta que las Ordenanzas militares. Vete tú a hablarle de compasión y de amor al prójimo.

Javier. —*(Que habla débilmente.)* Tiene razón Andrés. — Toda su moral está escrita en los capítulos de las Ordenanzas del Ejército. Y si sólo fuera eso..., pero además es agresivo, hiriente. Anoche trató de burlarse de mí, contando lo que a nadie le importa. ¿Qué tiene él que decir de nosotros? ¿No os disteis cuenta? Parecía que nos amenazaba con contar lo que sabe de cada uno. Yo creo que a nadie le importa la vida de los demás.

(El enfermo dice algo que no llega a oírse.)

Pedro. —*(Se acerca.)* ¿Qué dices?

Luis. —*(Hace un esfuerzo.)* A mí no me importa decir por qué me trajeron a esta escuadra. Me negué a formar en un piquete de ejecución. Eso es todo. Yo no sirvo para matar a sangre fría. Lo llaman «insubordinación» o no sé qué. Me da igual. Volvería a negarme...

Pedro. —Bien, cállate. No te conviene hablar ahora. Te subiría la fiebre. Lo que tienes que hacer es descansar.

Luis. —Yo... he querido decir...

Pedro. —Te hemos entendido. Calla.

(Javier *se ha levantado y está en pie, un poco apartado. Enciende un pitillo. Fuma. En pie. Inmóvil.*)

Andrés. —*(Ha guardado los cacharros de afeitarse. Queda sentado en su petate.)* Mirándolo bien, es horrible lo que nos ha ocurrido a nosotros, por una cosa o por otra.

Javier. —Sí.

Andrés. —Esto es una ratonera. No hay salida. No tenemos salvación.

Javier. —Esa es *(Con una mueca.)* la verdad. Somos una escuadra de condenados a muerte.

Andrés. —No, es algo peor..., de condenados a esperar la muerte. A los condenados a muerte los matan. Nosotros... estamos viviendo...

Pedro. —Os advierto que hay muchas escuadras como ésta a lo largo del frente. No vayáis a creeros que estamos en una situación especial. Lo que nos pasa no tiene ninguna importancia. No hay nada de qué envanecerse. Esto es lo que llaman una «escuadra de seguridad»..., un cabo y cinco hombres como otros...

(Andrés *no le oye.*)

Andrés. —Estamos *(Con un escalofrío.)* a cinco kilómetros

de nuestra vanguardia, solos en este bosque. No creo que sea para tomarlo a broma. A mí me parece un castigo terrible. No tenemos otra misión que hacer estallar un campo de minas y morir, para que los buenos chicos de la primera línea se enteren y se dispongan a la defensa. Pero a nosotros, ¿qué nos importará ya esa defensa? Nosotros ya estaremos muertos.

Pedro. —Ya está bien, ¿no? Pareces un pájaro de mal agüero.

Andrés. —Si es la verdad, Pedro... Es la verdad... ¿Qué quieres que haga? ¿Que me ponga a cantar? Es imposible cerrar los ojos. Yo... yo tengo miedo... Ten en cuenta que... yo no he entrado en fuego aún... Va a ser la primera vez... y la última. No me puedo figurar lo que es un combate. Y... es horrible!

Pedro. —Un combate no es nada. Lo peor ya lo has pasado.

Andrés. —¿Qué es... lo peor?

Pedro. —El campamento. La instrucción. Seis, siete horas marchando bajo el sol, cuando el sargento no tiene compasión de ti, ¡un! ¡dos!, ¡un! ¡dos!, y tú sólo pides tumbarte boca arriba como una bestia reventada. Pero no hay piedad. Izquierda, derecha, desplegarse, ¡un! ¡dos! Paso ligero, ¡un! ¡dos!, ¡un! ¡dos! Lo peor es eso. Largas marchas sin sentido. Caminos que no van a ninguna parte.

Andrés. —*(Lentamente.)* Para mí lo peor es esta larga espera.

Pedro. —Cuatro días no es una larga espera, y ya no puedes soportarlo... Figúrate si esto dura días y días... A mí me parece que hay que reservarse, tener ánimo... por ahora... Ya veremos...

Andrés. —*(Nervioso.)* ¿No decían que la ofensiva era inminente? Yo ya me había hecho a la idea de morir, y no me importaba. «Nos liquidan y se acabó». Pero aquí parece que no hay guerra... El silencio... Sabemos que enfrente, detrás de los árboles, hay miles de soldados armados hasta los dientes y dispuestos a saltar sobre nosotros. ¿Quién sabe si ya nos han localizado y nos están perdonando la vida? Nos tienen bien seguros y se ríen de nosotros. Eso es lo que pasa, ¡cazados en la ratonera! Y queremos escuchar algo... y sólo hay el silencio... Es posible que meses y meses. ¿Quién podrá resistirlo?

Javier. —*(Con voz grave.)* Dicen que son feroces y crueles... pero no sabemos hasta qué punto... se nos escapa... Y eso que se nos escapa es lo que da más miedo. Sabemos que su mente está dispuesta de otra forma... y eso nos inquieta, porque no podemos medirlos, reducirlos a objetos, dominarlos en nuestra imaginación... sabemos que creen fanáticamente en su fuerza y en su verdad... Sabemos que nos creen corrompidos, enfermos, incapaces del más pequeño movimiento de fe y de esperanza. Vienen a extirparnos, a quemar nuestras raíces... Son capaces de todo. Pero, ¿de qué son capaces? ¿De qué? Si lo supiéramos puede que tuviéramos miedo... pero es que yo no tengo miedo... es como angustia. No es lo peor morir en el combate... Lo que me aterra ahora es sobrevivir..., caer prisionero..., porque no puedo imaginarme cómo me matarían...

Andrés. —Sí, es verdad. Comprendo lo que quieres decir. Si tuviéramos enfrente soldados franceses... o alemanes... todo sería muy distinto. Los conocemos. Hemos visto sus películas. Hemos leído sus libros. Sabemos un poco de su idioma. Es distinto.

Javier. —Es terrible esta gente..., este país... Estamos muy lejos...

Pedro. —Lejos, ¿de qué?

Javier. —No sé... Lejos...

(Un silencio. Pedro, que ha mirado su reloj, se está poniendo el capote y el correaje. Coge el fusil.)

Pedro. —Hasta luego.

Andrés. —Hasta luego. *(Sale Pedro. —Un silencio.)* ¿Qué hará el cabo?
Javier. —Un largo paseo por el bosque... Vigilancia... O estará inspeccionando el campo de minas. No puede estarse quieto.

(Andrés saca cigarrillos. Ofrece a Javier. – Fuman.)

Andrés. —*(Después de un silencio.)* Cuando anoche el cabo habló de nosotros, me di cuenta de que estabas muy pálido. (Javier *no se mueve.*) A mí tampoco me hizo mucha gracia. Es que… a nadie le importa, ¿verdad?, lo que uno ha hecho.

Javier. —No. A nadie le importa.

Andrés. —Yo prefiero no meterme en la vida de los demás y que nadie se meta en la mía.

Javier. —Yo también.

Andrés. —A un amigo se le puede contar todo, hasta un secreto, pero tiene que ser eso, un amigo.

Javier. —Claro.

Andrés. —En la guerra, a mí me parece que es muy difícil hacer amigos. Nos volvemos demasiado egoístas, ¿verdad? Sólo pensamos en nosotros mismos, en salvar el pellejo, aunque sea a costa de los demás. Me refiero a la gente normal, quitando a los héroes.

Javier. —*(Sonríe.)* Eso debíamos hacer, quitar a los héroes y no habría guerras.

(Andrés *ríe.*)

Andrés. —Los otros dicen que tú eres antipático y que te crees superior, pero yo no estoy de acuerdo. ¿Es cierto que has sido profesor de la Universidad?

Javier. —Sí.

Andrés. —Profesor, ¿de qué?

Javier. —De Metafísica. *(Andrés ríe.)* ¿De qué te ríes?

Andrés. —De eso. Me hace gracia. Profesor de Metafísica. Y ahora eres una porquería como yo, que no pasé del segundo curso. El hoyo común... para todos.

Javier. —Sí, tiene mucha gracia.

Andrés. —No me gustaba estudiar, es decir, creo que me emborrachaba demasiado. Llegué a tener delirios. Yo no servía para estar en las aulas, ni para contestar seriamente a las estúpidas preguntas de los profesores. Hasta que mis padres se cansaron y entonces me fui de casa. Tenía veintiséis años y todavía iba por el segundo curso.

(Ríe.)

Javier. —¿Te fuiste de casa? ¿Y adónde?

Andrés. —*(Ríe.)* Fundé un hogar. Quiero decir que me junté con una chica. Yo no era capaz de ganar ni para comer, pero, naturalmente, seguí emborrachándome con los amigos. Riñas de madrugada, palos de los serenos, comisarías..., caídas, sangre..., lo normal... Me separé de mi mujer... y me quedé solo... Pude, por fin, beber sin dar cuentas a nadie..., sin que nadie sufriera por mí... *(Parece que se le han humedecido los ojos.)* Una historia vulgar, como ves. Lo único que me consuela es pensar que el trabajo que no hice, no hubiera servido de nada... Me hace gracia verte aquí, en esta horrible casa, con tu brillante carrera universitaria, siempre de codos sobre los libros, ¿no?, ¡y oposiciones! Una ejemplar historia que termina como la del golfo, la del borracho incorregible... incapaz de ganar su vida honesta y sencillamente. ¿Eh? Me parece que no ha merecido la pena, amigo.

JAVIER. —Puede..., puede que no haya merecido la pena. Yo estudiaba porque tenía que sostener a mi madre y los estudios de mi hermano. Quería ver despejado el porvenir. Quería ganar dinero «honesta y sencillamente», como tú dices. Se habían sacrificado por mí y yo tenía la obligación de no defraudar a mi padre... ni el cariño y la confianza de mi madre...

ANDRÉS. —¿Qué era tu padre?

JAVIER. —Empleado de un Banco. Soñaba para mí un porvenir digno y brillante. El pobre no llegó a verlo. Murió antes de que yo cobrara mi primer sueldo en la Universidad.

ANDRÉS. —¿Pero tú no veías que estabas trabajando para nada? ¿No te dabas cuenta de que «esto» tenía que llegar? Si se mascaba en el ambiente esta guerra..., la tercera gran guerra del siglo xx..., puede que la última guerra. Tantos libros y no te dabas cuenta de lo más importante.

JAVIER. —No. No me daba cuenta. Yo estaba en la biblioteca. Allí no había tiempo. Las alarmas de los periódicos me parecían eso, periodismo. En el fondo, estaba convencido de que el mundo estaba sólidamente organizado, de que no iba a ocurrir nada y de que había que luchar por la vida.

Andrés. —Yo no tenía esa impresión de solidez. A mí me parecía que vivíamos en un mundo que podía desvanecerse a cada instante. Me daba cuenta de que estábamos en un barco que se iba a pique. No merecía la pena trabajar, y a mí me venía muy bien.

Javier. —¿Te dabas cuenta de todo, Andrés?

Andrés. —Por lo menos eso digo ahora. Me parece que, pensándolo, quedo justificado. A estas alturas uno siente la necesidad de justificarse. (Se *abre la puerta. Entra* Adolfo. —*Viene renegando. Se quita el capote.*) ¿Qué te pasa?

Adolfo. —Estoy harto.

Andrés. —Alguna amable indicación del cabo, ¿no?

Adolfo. —Me ha doblado la imaginaria de esta noche.

Andrés. —¿Por qué?

Adolfo. —Dice que me ha visto sentado en el puesto de guardia.

Andrés. —¿Y no es verdad?

Adolfo. —Sí, ¿y qué? *(Se sienta.)* Además, es asqueroso...

Nos espía... Vigila hasta nuestros más pequeños movimientos. Así no se puede vivir. Estoy harto. Ahora, mientras se alejaba, me han dado ganas de pegarle un tiro.

Andrés. —No creo que sea para tanto.

Adolfo. —Sí; pegarle un tiro..., acabar con él... Nos quedaríamos en paz. El poco tiempo que nos queda de vida podríamos pasarlo tranquilamente... Nadie se iba a enterar nunca... Y aunque llegaran a enterarse, a nosotros ya no nos importaba.

Andrés. —¿Pero qué estás diciendo? ¿Te has vuelto loco?

Adolfo. —No. No estoy loco. Lo he pensado de verdad. A mí no me importa... he hecho cosas peores... Quiero vivir en paz, hacer lo que me dé la gana... Es... *(Ríe desagradablemente.)* mi última voluntad.

(Al ver la cara de los otros vuelve a reír. En este momento entra el cabo. Hay en ellos un movimiento de inquietud. Rehuyen la mirada del Cabo.*)*

Cabo. —¿Qué os pasa? ¿De qué estabais hablando?

Andrés. —*(Después de una pausa.)* Adolfo nos ha contado una historia divertida..., pero a mí no me ha hecho mucha gracia. ¿Y a ti, Javier?

Javier. —*(Mirando a* Adolfo.*)* No. A mí tampoco.

OSCURO

Cuadro Tercero

(Sobre el oscuro, Javier *enciende una cerilla y con ella una vela. Está inquieto. Se sienta en un petate. Se ve confusamente, durmiendo, al* Cabo, *a* Luis, *a* Adolfo *y a* Andrés. Javier *saca un cuadernito, lo pone en las piernas y escribe con un lápiz.)*

Javier. —«Yo, Javier Gadda, soldado de infantería, pido a quien encuentre mi cadáver haga llegar a mi madre, cuyo nombre y dirección escribo al pie de esta declaración, las circunstancias que sepa de mi muerte, dulcificándolas a ser posible en tal medida que, sin faltarse a la verdad, sea la noticia lo menos dura para ella; así como el lugar en que mis restos reposen. Han pasado ya quince días desde que ocupamos este puesto. La situación se está haciendo, de momento en momento, insoportable. La ofensiva no se produce y los nervios están a punto de saltar. Solamente el cabo permanece inalterable. Mantiene el horario de guardia y la disciplina. Nos levantamos a las seis de la mañana, no sé para qué. Seguimos un horario rígido de comidas y de servicio. Nos obliga a limpiar los equipos y la casa. Tenemos que afeitarnos diariamente y sacarle brillo a las armas y a las botas. Todo esto es estúpido en cualquier caso y más en el nuestro. Estos días me he dado cuenta de la verdad. Parece que estamos quietos, encerrados en una casa; pero, en realidad, marchamos, andamos día tras día. Somos una escuadra hacia la muerte. Marchamos disciplinadamente, obedeciendo a la voz de un loco, el cabo Goban.»

(Se remueve Andrés. *Enciende una cerilla y mira la hora en su reloj.* Javier *deja de escribir.* Andrés *bosteza. Se levanta penosamente, renegando. Ve a* Javier.*)*

Andrés. —¿Qué haces ahí?

Javier. —Me he desvelado. Estoy escribiendo una carta.

Andrés. —¿Una carta? ¿Para qué? Aquí no hay Correo. *(Acaba de ponerse el capote. Coge el fusil.)* La deliciosa hora del relevo...

(Sale tambaleándose. Javier *se pasa la mano por la frente. Vuelve a escribir.)*

Javier. —«El que encuentre este cuaderno sepa que he sido un cobarde. Esta es una historia que no me atrevo a contar a los otros. Cuando me llamaron de filas traté de emboscarme. Desde entonces tengo ficha de desertor en el Ejército. Luego he sabido ilustrar esa ficha con varios actos vergonzosos. En la instrucción no me atrevía a lanzar las bombas de mano. Luego, en acciones de guerra, he palidecido y he llorado cuando tenía que saltar de la trinchera. Pero lo que no puedo olvidar es que, un día, en una retirada, cuando hirieron a mi compañero y cayó a mi lado, oí que me decía: «Vete, vete, déjame»... ¡Como si yo hubiera pensado en quedarme...! ¡No! ¡Yo no había pensado en detenerme a su lado, en decirle: ¿Quieres algo para tu madre? ¿Qué digo a tu novia? ¡Yo huía, huía como un loco, frenético.., y apenas volví un momento la cabeza para ver a mi compañero caído de bruces, herido de muerte!»

(*Alguien se remueve.* Javier *levanta la cabeza. Es el* Cabo.)

Cabo. —(*Entre sueños, agitadísimo.*) ¡Ha sido un accidente! ¡Ha sido un accidente! ¡Yo no he querido hacerlo! ¡Ha sido un accidente!

(*Gime y da vueltas.*)

Javier. —(*Vuelve a escribir.*) «El demonio del cabo también tiene algo que olvidar. En realidad, todos estamos aquí con una culpa en el corazón y un remordimiento en la conciencia. Puede que éste sea el castigo que nos merezcamos y que, en el momento de morir, seamos una escuadra de hombres purificados y dignos.»

Luis. —(*Desde su colchoneta.*) ¡Javier! ¡Javier!

Javier. —(*Levanta la vista del cuaderno.*) ¿Qué hay?

Luis. —(*Se queja.*) Me encuentro muy mal.

Javier. —¿Quieres algo?

Luis. —No...

Javier. —Pues trata de dormir.

Luis. —Es que... no puedo...

(Da una vuelta y queda inmóvil. Javier *vuelve a fijar la vista en el cuaderno.)*

Javier. —«A la hora del resumen me extraña el infame egoísmo que me hizo pensar en sobrevivir cuando estalló la guerra. Si esta lucha es, como creo, un conflicto infame, yo también lo he sido tratando de evadirme, aferrándome grotescamente a la vida, como si yo fuera el único digno de vivir, mientras los demás están dando su sangre, dando generosa y resignadamente su sangre, limitándose a morir, sin pedir explicaciones, con generosidad y desinterés. Esta es mi culpa. Este es mi castigo. Ahora sólo deseo que haya una lucha, que yo me extinga en ella y que mi espíritu se salve. *(Deja de escribir un momento. Por fin.)* En el momento en que voy a firmar esta declaración, pienso en mi madre. Sé que ella estará despierta y llorando... De eso sí que nadie puede consolarme en el mundo... Nadie puede enjugar de mis ojos... el llanto de mi madre..."

(Se abre la puerta. Aparece Pedro. *—Viene de la guardia.)*

Pedro. —El maldito Andrés! Creí que no llegaba. Me estaba helando de frío. *(Se sienta y se frota las manos.)* ¿Qué haces?

*(*Javier *cierra el cuaderno.)*

Javier. —*(Con voz insegura.)* Estaba... escribiendo una carta.

OSCURO

Cuadro Cuarto

Empieza a amanecer.

(El Cabo *está en pie.* Pedro Andrés *y* Adolfo *se levantan de dormir.* Luis *se remueve.* Javier *no está.)*

Cabo. —*(Sacude a* Luis.*)* ¡Arriba! ¡Ya está bien de enfermedad!

Adolfo. —*(Calzándose las botas.)* Tiene razón el cabo. — Ayer no tenía fiebre.

Pedro. —*(Bosteza.)* Anímate, muchacho. Es mejor para ir haciendo fuerzas.

Adolfo. —*(Echando agua en una palangana.)* ¿Cuántas horas de guardia nos debes, Luis? Podías haberte guardado la enfermedad para otra ocasión. ¡Nos has fastidiado! Tengo un sueño espantoso. *(*Luis *se está levantando en silencio. El* Cabo, *mientras se lava, canturrea.)* Maldita sea. Esto es lo que peor aguanto. Levantarme a estas horas... y con este frío... y con este fondo musical...

(El Cabo *no le oye.* Luis *se ha puesto, trabajosamente, las botas y se pone en pie. Vacila.)*

PEDRO. —¿Qué tal?

LUIS. —Parece que... bien... *(Echa a andar con ligeras vacilaciones. Llega hasta el cabo. —Se pone en firmes.)* A sus órdenes, cabo.

CABO. —*(Le mira de arriba a abajo.)* Eso está mejor. Lávate y te incorporas al servicio. Rige el horario anterior a tu enfermedad.

(PEDRO *está echando leña en la chimenea y* ADOLFO *prepara el café.*)

PEDRO. —¡Uf! Vaya día. Me parece que para Navidad tendremos nieve.

ANDRÉS. —*(Que se ha levantado en silencio, malhumorado y en este momento se chapuza la cara.)* Hace mucho frío por las mañanas. Este frío me hace mucho mal. Luego voy entrando en reacción, pero a estas horas... ¡oh! *(Con un escalofrío.),* a estas horas... me parece que estoy enfermo. *(*PEDRO *ríe.)* No es cosa de risa.

(PEDRO *vuelve a reir.*)

PEDRO. —*(Enciende una cerilla y la aplica a la chimenea.)* Es cierto que hoy hace más frío. Adolfo, trae el café. Las galletas...

(ADOLFO *y* PEDRO *se han sentado junto a la chimenea.* LUIS *se acerca a ellos.*)

Luis. —Me encuentro muy bien. Un poco débil, pero bien.

Pedro. —Siéntate aquí. *(Andrés tira la toalla al suelo y la pisotea.)* ¿Qué le pasa a ése?

Adolfo. —Se habrá vuelto loco.

(Andrés se ha ido hacia el Cabo.)

Andrés. —Cabo.

Cabo. —¿Qué hay?

Andrés. —Cabo, tengo que decirle que esto me parece insoportable. No sé a qué viene levantarse a estas horas. No hay razón para obligarnos a... *(Miradas de inquietud en los otros.)* He pensado decírselo varias veces. No estoy de acuerdo con este absurdo horario. Es gana de martirizarnos. Yo no estoy dispuesto a plegarme a sus caprichos. ¿Lo entiende? Estoy harto de...

Cabo. —*(Fríamente.)* Bueno. Cállate ya.

Andrés. —No. No voy a callarme. He empezado a hablar y hablaré. Yo tengo frío a estas horas. Frío y sueño. ¿Por qué? Porque a un tipo con un miserable galón se le ocurre que tenemos que levantarnos a las seis de la madrugada. Estoy seguro de que los demás piensan lo mismo. ¿Verdad, muchachos? No hay razón para que nos haga...

(El Cabo le coge del cuello de la guerrera.)

Cabo. —*(Entre dientes.)* ¡Cállate, imbécil! ¡Cállate!

Andrés. —¡Suélteme! ¡Estoy harto de su condenada...!

(El Cabo le da un puñetazo en el estómago. Andrés gime y se dobla. Al inclinarse recibe otro en la cara y cae al suelo. El Cabo le pega una patada en el pecho. Andrés queda inmóvil. El Cabo se inclina, lo incorpora y vuelve a rechazarle contra el suelo.)

Pedro. —*(Que se ha levantado. Sombrío.)* Cabo. Ya está bien.

(El Cabo mira a Pedro, que le sostiene la mirada. Los otros se han levantado también.)

Cabo. —*(A Adolfo.)* Dame el café.

(Adolfo echa lentamente café en un cacharro y se lo alarga al Cabo. —Éste lo bebe. Coge el fusil y sale. Pausa.)

Adolfo. —Ya lo veis... que es una bestia.

Pedro. —*(Que atiende a Andrés.)* Luis, trae agua. *(Luis se la lleva. Pedro se la echa a Andrés por la cara. Este parece reanimarse. Se queja.)* Le ha dado bien. Si no le ha roto una costilla, será un milagro.

Andrés. —*(Quejándose del lado derecho.)* Me ha dado un golpe de muerte... no habéis sido capaces de... impedir...

Pedro. —Trata de levantarte.

(ANDRÉS *se levanta, ayudado. Anda, encogido, hacia su colchoneta. Una mano crispada sobre el costado. Se sienta.*)

ANDRÉS. —Ese... me las paga... Esta vez... no me va a ser preciso estar borracho para... cargarme a un hombre. La otra vez estaba borracho.

PEDRO. —¿La otra vez? ¿Cuándo?

ANDRÉS. —Estoy aquí por haber matado a un sargento, ¿no lo sabíais? Si me cargo a este tipo no será la primera vez que me mancho las manos de sangre.

ADOLFO. —¿Dónde fue?

ANDRÉS. —¿Qué?

ADOLFO. —La muerte de ese sargento.

ANDRÉS. —En el campo de instrucción. Me emborraché en la cantina y volví a la compañía después de silencio. El idiota del sargento me provocó y le metí una puñalada sin sentirlo. Yo no tuve la culpa. No supe lo que hacía. Esta vez sí voy a saberlo. Yo no me meto con nadie, pero sé defenderme. Puede que me ponga nervioso, pero lo mato. Me ha coceado como una mula.

(*Se lleva la mano a la boca y la retira aprensivamente. La mira pálido.*)

LUIS. —¿Qué tienes?

Andrés. —*(Con la voz estrangulada.)* Es sangre.

Pedro. —*(Después de un penoso silencio.)* Es... es posible que no sea nada. No hay que preocuparse. Puede ser un derrame sin importancia. Lo más seguro...

Luis. —Sí, chico, no te preocupes. La sangre es muy escandalosa. A veces es mejor echar sangre. Si el mal se te queda dentro es peor.

(Andrés *se ha tumbado boca arriba.*)

Andrés. —*(Débilmente.)* Dejadme. No me habléis de eso. Es preferible... no hablar... *(Tratando de aparecer sereno.)* No es nada. Y después de todo, ¿qué más da? Si vamos a morir me da igual llegar echando sangre por la boca. *(Intenta reír.)* Me acuerdo ahora, no sé por qué, de otros tiempos. Nunca me gustó meterme en líos. Yo he sido siempre de los que se van cuando el ambiente está un poco cargado. Me ha gustado el buen plan. ¿Y qué me ha ocurrido? *(Ríe.)* Pues que siempre me he visto en los peores líos..., me han dado navajazos..., he matado a un sargento... y estoy aquí... Es curioso, ¿verdad? Es... *(Tose.)* muy *(Tose.)* curioso.

(*Sigue tosiendo mucho y se hace el*

OSCURO.

Cuadro Quinto

(Un proyector ilumina la figura de Javier, *en la guardia. Capote con el cuello subido y fusil entre las manos enguantadas. Sus labios se entreabren y su voz suena, monótona:)*

Javier. —No se ve nada... sombras... De un momento a otro parece que el bosque puede animarse..., soldados..., disparos de fusiles y gritería..., muertos, seis muertos desfigurados, cosidos a bayonetazos..., es horrible... No, no es nada... Es la sombra del árbol que se mueve... Estas gafas ya no me sirven..., nunca podré hacerme otras... Esto se ha terminado. ¿Son pasos? Será Adolfo, que viene al relevo. Ya era hora. *(Grita.)* ¿Quién vive? *(Nadie contesta. El eco en el bosque.)* ¿Quién vive? *(El eco.* Javier *monta el fusil y mira, nervioso.)* No es nadie..., nadie... Me había parecido... Será el viento... No viene Adolfo. —¿Qué pasará? ¿Le habrá pasado algo? Puede que los hayan sorprendido en la casa. Yo no he oído nada, pero puede... Es posible que a estas horas esté yo solo, rodeado... Tengo miedo... Hay que pensar en otra cosa. Hay que pensar en otra cosa. Hay que pensar en otra cosa. Es Navidad. Sí, ha llegado el tiempo..., diciembre... Mamá estará sola. Mañana es la víspera de Navidad. Si me pongo a pensar en esto voy a llorar... No importa... Necesito llorar... Me hará bien... Me he aguantado mucho... Llorar... Estoy llorando... Hace mucho frío... Mamá me ponía una bufanda, me decía que cerrara la boca al salir... «No vayas a coger frío.» Si supiera que estoy muerto de frío... Este puesto de guardia... El viento se le mete a uno hasta los huesos... ¿Por qué no viene Adolfo? ¿Por qué no viene? Han pasado dos horas y más. ¡Un, dos! ¡Un, dos! Una escuadra hacia la muerte. ¡Un, dos! Lo éramos ya antes de estallar la guerra. Una generación estúpidamente condenada al matadero. Estudiábamos, nos afanábamos por las cosas, y ya estábamos encuadrados en una gigantesca escuadra hacia la muerte. Generaciones condenadas... Hace frío... Esto no puede durar mucho... Estamos ya muertos... No contamos para nadie... ¡Un, dos! Nos despeñaremos perfectamente formados, uno a uno. Yo no quiero caer prisionero. ¡No! ¡Prisionero, no! ¡Morir! ¡Yo prefiero... *(Con un sollozo sordo.)* morir! ¡Madre! ¡Madre! ¡Estoy aquí..., lejos! ¿No me oyes? ¡Madre! ¡Tengo miedo! ¡Estoy solo! ¡Estoy en un bosque, muy lejos! ¡Somos seis, madre! ¡Estamos... solos..., solos..., solos...

(La voz, estrangulada, se pierde y resuena en el bosque. JAVIER *no se ha movido desde la frase «No es nadie».)*

OSCURO

Cuadro Sexto

(Se oye -sobre el oscuro- una canción de Navidad cantada con la boca cerrada por varios hombres. Se enciende la luz. Lámparas de petróleo. Hay en el centro de la escena un árbol de Navidad. A su alrededor, Andrés, Pedro, Adolfo *y* Javier. *Están inmóviles murmurando la canción. Cuando terminan,* Javier *se va a su colchoneta, se sienta en ella y hunde la cabeza entre las manos.)*

Adolfo. —¿Qué le pasa a ése?

Pedro. —No sé. Verdaderamente... esta noche... (Se *retira él también.)* Le da a uno por pensar más que de costumbre. A mí me ha pasado. Me pone triste la Nochebuena. Me trae siempre recuerdos y...

(Acaba la frase ininteligiblemente.)

Andrés. —Piensas en la familia, ¿no?

Pedro. —Pienso... *(Hace una mueca dolorosa.),* estaba pensando en mi mujer.

Andrés. —¿Dónde está tu mujer?

Pedro. —Ni siquiera sé si vive... Yo trabajaba en Berlín últimamente. Soy tornero ajustador. Me pagaban bien. Cuando empezó la guerra, Berlín se convirtió en un infierno. Entraron en nuestra zona y hubo... algunos horrores. Yo estaba en Bélgica probando unas máquinas que nuestra fábrica iba a comprar... Cuando pude volver me enteré de lo que había pasado... Encontré que mi mujer... habla sido... violentamente... *(Oculta la cara entre las manos.)* Entré en la guerra para matar. No me importaba nada una idea ni otra... Matar...

ADOLFO. —¿Qué hiciste con aquellos prisioneros?

PEDRO. —No lo sé... Aullaban... Yo me reía como un loco... Se me representaba la cara de mi mujer, llena de espanto..., forzada..., y la emprendía con otro... Había más de cien prisioneros para mí en aquel barracón... Me calmó mucho... Ahora estoy mejor... Mucho mejor...

(Un silencio.)

ANDRÉS. —Señores, esta noche voy a emborracharme. Es Navidad.

PEDRO. —*(Levanta la cabeza.)* ¿Qué vas a hacer?

ANDRÉS. Tomarme una copa.

PEDRO. —Tienes razón. Podemos pedir permiso al cabo y celebrar la Nochebuena. Va a ser lo mejor.

ADOLFO. —Pedirle permiso! ¿Para qué? No nos lo iba a dar.

Pedro. —Es posible que si se le dice...

Adolfo. —¡Qué va...! «El alcohol es enemigo de la disciplina», y todo eso. Andrés, si quieres tomarte una copa, tómatela. Yo te acompaño. El que tenga miedo que se dedique a la contemplación. Vamos.

Pedro. —Un momento. Estoy dispuesto a tomarme una copa, pero antes hay que pensar qué vamos a decirle al cabo.

Andrés. —Al cabo se le dice... *(Se ha echado en su vaso y lo bebe.)* que teníamos sed. Toma. *(Adolfo alarga el vaso y bebe largamente.)* Está bueno, ¿eh?

Adolfo. —Está buenísimo.

Pedro. —Bien... Si os acompaño es por no dejaros solos frente al cabo. —Que conste. Trae.

Andrés. —Aquí tienes. *(Llenan los tres vasos.)* Eh, tú, Javier, ¿quieres brindar con nosotros?

Javier. —*(Se encoge de hombros.)* Bueno...

(Se levanta y se acerca. Le echan coñac.)

Andrés. —Creo que debemos dar a esta celebración un carácter religioso. Dios nos libre de todo mal en el nombre del Padre, del Hijo y del Espíritu Santo.

Todos. —Amén.

ANDRÉS. —Venga... a beber... *(Beben, menos* PEDRO, *que no se decide.)* Vamos, Pedro. —¿Es que no nos merecemos esta pequeña diversión?

PEDRO. —¡Sea lo que Dios quiera! *(Beben.* ANDRÉS *vuelve a echarles coñac y ahora beben en silencio.* ADOLFO, *de pronto, se echa a reír. Ríe prolongadamente y contagia la risa a los demás. Se encuentran, de pronto, riendo, por primera vez. Parece como si se vieran de un modo distinto, como si todo lo anterior hubiera sido un mal sueño. Se calman.)* Pero, ¿de qué te reías?

ADOLFO. —De nada... Es que de pronto me he dado cuenta... ¡de que no se está mal del todo aquí! De modo que... échanos otro trago.

(Beben.)

ANDRÉS. —*(Por* ADOLFO.*)* Es un buen camarada, ¿eh? *(Los otros asienten.)* Un compañero... como hay que ser...

PEDRO. —*(Que de pronto ha quedado taciturno.)* A mí no me parece un buen camarada.

(Durante el siguiente diálogo continúa el juego de la bebida.)

ANDRÉS. —¿Por qué?

ADOLFO. —Tiene razón éste. ¡Yo qué voy a ser un buen camarada!

Pedro. —*(A* Adolfo.*)* No debiste contármelo el otro día. Tú me eras simpático... antes.

Adolfo. —Muchachos, Pedro se refiere a mi «turbio pasado». Si es que queréis saberlo, yo...

Andrés. —*(Le interrumpe.)* Tu turbio pasado me importa un bledo. Déjanos en paz.

Adolfo. —No soy un buen compañero... ni me importa... Dejé a la unidad sin pan y me quedé tan tranquilo. Le di salida a la harina...

(Ríe.)

Pedro. —Vendió el pan de sus camaradas.

Adolfo. —No, no...., un momento... El jefe del negocio era un brigada... Yo actué de intermediario, de ayudante... El brigada tenía poca práctica y tuve que explicarle... Fue una pena... Hubo defectos de organización. Cuando vi que la cosa se ponía mal lo denuncié. A él lo fusilaron y a mí me trajeron aquí. Bueno, y ahora... dadme de beber...

Pedro. —Toma. Emborráchate. Eres de la raza de los que especulan con el hambre del pueblo, miserable.

(Está bebido.)

Adolfo. —*(Bebe.)* No... No me trates así...

Pedro. —Puerco...

Andrés. —Deja al muchacho, hombre. Déjalo.

Pedro. —¿A qué te dedicabas antes de estallar la guerra? ¡Negocios!, dices tú. ¿A qué llamas negocios? Tú eres uno de los responsables de que estemos aquí, tú... con tus negocios. Eres capaz de todo... Los soldados sin pan, pero ¿a ti qué te importa? ¡Que revienten! ¿No es eso? ¡Que revienten! Nosotros, todos, somos hombres dignos, incluso el cabo..., pero tú... tú eres un miserable.

(Trata de pegarle. Javier *y* Andrés *lo sujetan.)*

Andrés. —Basta ya... Estamos celebrando la Nochebuena... Estás metiendo la pata, Pedro... Lo estás estropeando todo...

Pedro. —Bueno..., pues perdonadme... No había sido mi intención molestaros... Me he enfadado de pronto... no sé por qué... *(Trata de andar y se tambalea.)* ¡Estoy borracho! No he bebido casi y ya estoy... borracho. Adolfo, ¿me perdonas? He sido un bruto. Lo retiro todo. ¿Qué quieres que haga... para que me perdones?

Adolfo. —Nada... Si tienes razón tú...

(Se abrazan.)

Andrés. —Bravo. Esto ya es otra cosa. Javier, ¿qué te ocurre a ti?

Javier. —Nada. *(Ríe.)* Estoy bien.

Andrés. —Tienes los ojos húmedos.

Javier. —No es nada.

(Ríe.)

Andrés. —Sólo nos faltan..., escuchadme..., Sólo faltan las chicas. *(Se produce un silencio. Quedan inmóviles.* Andrés *trata de continuar.)* Cuatro... cuatro chicas, ¿verdad? *(Nadie dice nada.)* No están. *(Un silencio.)* Estamos solos.

Pedro. —Déjalo, ¿quieres? Déjalo...

Andrés. —*(Se sienta.)* Es... una hermosa noche, ¿verdad?

(Nadie responde. Adolfo *se levanta.)*

Adolfo. —Bueno... Vamos a hacer... el último brindis...

(Pero queda clavado a mitad de camino. Se ha abierto la puerta y ha aparecido el Cabo, *con el fusil en bandolera. De una mirada abarca la escena y avanza al centro, sombrío. Hay un ligero movimiento de retroceso en todos.)*

Cabo. —¿Qué pasa aquí?

Pedro. —*(Avanza un paso vacilante. Habla con seguridad.)* Nada.

Cabo. —Adolfo, acércate.
(Se está quitando el fusil de la bandolera.)

Adolfo. —*(Se acerca. Está lívido.)* A sus órdenes.

Cabo. —Estáis borrachos.

ADOLFO. —Crea que... no...

CABO. —No puedes ni hablar. Mujerzuelas... indignos de vestir el uniforme. Os merecéis que os escupan en la cara..., también os gustaría...

PEDRO. —Cabo, habíamos pensado celebrar...

ANDRÉS. —Sí, eso... Felices Pascuas, cabo. —No se enfade hoy. Es día de perdón y de... alegría... Paz en la tierra... y gloria a Dios en las alturas... Todo eso... Celebremos la Nochebuena. «Perdónenos nuestras deudas, así como nosotros...», etcétera, etcétera.

ADOLFO. —*(Sonriendo cínicamente.)* Es una noche que la Religión manda celebrar, cabo.

ANDRÉS. —Le perdono su patada del otro día si hoy nos alegramos. ¿Eh? De acuerdo.
(Va hacia el barrilito.)

CABO. —Estate quieto, Andrés. —No te acerques al barril.
(La voz ha sonado amenazadora. ANDRÉS se detiene.)

ANDRÉS. —Le suplico si quiere... Le suplico...

CABO. —Basta. Fuera de ahí.

ADOLFO. —No hay nada que suplicar, ANDRÉS. —Esto se ha terminado. ¿Queréis beber?

ANDRÉS. —Yo sí.

Pedro. —Sí, desde luego.

Javier. —*(Apoya la actitud de los otros.)* Sí.

(Adolfo *se acerca al barrilito.*)

Cabo. —Adolfo, lárgate. Te la estás jugando. *(Se aproxima a* Adolfo. *—El* Cabo *tiene el fusil empuñado por el guardamontes y la garganta.* Adolfo *echa coñac. El* Cabo *le pega un culatazo en la clavícula y lo arroja al suelo. A los otros, amenazador:)* Desde ahora va de verdad. Tú, levántate. No ha sido nada.

(Adolfo *se levanta penosamente. Empuña el machete. Al tratar de lanzarse sobre el* Cabo *pierde el sentido y rueda por los suelos.* Pedro, *entonces, saca su machete. Inmediatamente,* Andrés. Javier, *al ver a sus compañeros, saca el suyo. El* Cabo *queda acorralado en la pared. Nadie se mueve.)*

Pedro. —No ha debido usted hacerlo, cabo. —No había motivos. Queríamos celebrar la Navidad.

Andrés. —Ha sido un error. *(Avanza un paso. Los otros dos, también.)* Ya no podríamos vivir con usted.

Cabo. —*(Gravemente.)* Fuera de la casa. Hay que cortar leña. Pronto. *(A* Javier.*)* Tú, al relevo. Es tu hora.

(Javier *no se mueve.*)

Andrés. —El relevo tendrá que esperar.

Cabo. —Javier, ¿lo estás oyendo? Al puesto de guardia.

Andrés. —No te vayas, Javier. —Quédate a la función. El cabo Goban no se da cuenta de que estamos borrachos. Estamos completamente borrachos.

(Ríe imbécilmente. El Cabo, *sin hacer el menor ademán de nerviosismo, monta el fusil y avanza, de espaldas al público, hacia la puerta. Ellos no se mueven. Al llegar a la altura de* Andrés, *éste se arroja sobre él y le da un machetazo en la cara. El* Cabo *se lleva la mano al rostro. El fusil rueda por los suelos. El* Cabo, *ciego del machetazo, trata de empuñar con la mano derecha el cuchillo que lleva al cinto. Ya lo tiene. Pero* Adolfo, *que se ha incorporado, le da un terrible machetazo en la cabeza. El* Cabo *vacila, pero no cae.* Pedro, Javier *y* Andrés *le golpean. El* Cabo *se derrumba poco a poco. Cae de rodillas y después de bruces. Se quedan un momento mirándolo.)*

Andrés. —*(Como con estupor.)* Está muerto.

Pedro. —*(Se inclina sobre él. Levanta la cabeza. Con un gesto torcido.)* Sí.

*(*Javier *mira, con angustia, el machete que todavía tiene en la mano, mientras cae el*

TELÓN

Parte Segunda

Cuadro Séptimo

(Es por la mañana. La casa está a oscuras. Fuera de la casa, en la explanada, Andrés, Pedro, Luis *y* Javier. Pedro *y* Javier, *apoyados en sendos picos, viendo cómo* Andrés *y* Luis *echan tierra con las palas sobre el hoyo en que está el cadáver del cabo.* Andrés *echa la última paletada y se retira hacia la casa.* Pedro *y* Javier *le siguen cansinamente.)*

Luis. —Yo no quiero decir nada, pero a mí me parece que... *(*Pedro *se para y le escucha.)* que un hombre no debe ser enterrado como un perro.

Pedro. —¿Qué quieres que hagamos?

Luis. —Pienso que... una oración...

Pedro. —Sí, es verdad.

Andrés. —¿Para qué? Si lo hemos mandado al infierno, ya no hay remedio.

Javier. —Sí, una oración. Aunque no sirva para nada. Dila, Luis. —Yo no me iba tranquilo, dejándolo ahí, sin una palabra. Un hombre es un hombre.

Luis. —*(Se quita el casco.)* Te rogamos, Señor, acojas el alma del cabo Goban, y que encuentre por fin la paz que en la vida no tuvo. No era un mal hombre, Señor, y nosotros tampoco, aunque no hayamos sabido amarnos. Que su alma y las nuestras se salven por tu misericordia y por los méritos de Nuestro Señor Jesucristo. Apiádate de nosotros. Amén.

Todos. —*(Que han ido descubriéndose.)* Amén.

Andrés. —Bueno, ya está. Vamos.

(Se van retirando.)

Javier. —*(A Luis.)* Está bien que hayas dicho todo eso. Consuela un poco...

(Va hacia la casa. En este momento están entrando en ella Pedro y Andrés. Se enciende la débil luz solar en el interior. Allí está Adolfo, semitumbado.)

Adolfo. —¿Ya?

Pedro. —Sí.

Adolfo. —Uf..., por fin... Esta noche se me ha hecho una eternidad. No podía dormir con ese hombre tendido ahí, en la explanada, sin darle la tierra... Era como si no hubiera acabado de morir.

Andrés. —Cualquiera salía a cavar un hoyo anoche. Vaya viento.., y la lluvia... Una noche que daba respeto... El cadáver ahí, lloviéndole encima... Menos mal que ha amanecido un día tranquilo.

(Entra Javier *en la casa. Se sienta, aislado.)*

Adolfo. —Un día tranquilo, por fin. Muerto el perro, se acabó la rabia. Es lo que se hace con un perro rabioso, matarlo. Y éste era un mal bicho. Ayer hubiera sido capaz de matarme, de rematarme. *(Escupe.)* Era un mal bicho.

Pedro. —Cállate. Déjanos en paz.

Adolfo. —¿Qué os pasa?

Pedro. —¡Nada!

*(*Andrés *bosteza.)*

Andrés. —Yo tampoco he podido dormir. Estoy muy cansado.

(Se tumba. Pausa.)

Javier. —¿Y qué vamos a hacer ahora?

Pedro. —No hay nada que hacer. Esperar, como si no hubiera pasado nada.

Andrés. —¡Como si no hubiera pasado nada! ¡Y nos hemos cerrado la última salida! *(Entra* Luis. *—Se queda en la puerta, como temiendo entrar en la conversación de los otros.)* Después de lo que ha ocurrido, me doy cuenta de que podía haber pasado el tiempo y la ofensiva sin llegar... y en febrero es posible que nos hubieran retirado de este puesto... y que nos hubieran perdonado... El castigo cumplido.., y a nuestras unidades, a seguir el riesgo común de los otros compañeros... Todo esto lo he pensado, de pronto, ahora que ya no hay remedio. La última salida ha sido cerrada. Si no hay ofensiva, hay Consejo de Guerra.

Adolfo. —¿Consejo de Guerra? ¿Por qué? Si hay suerte y continúa hasta febrero la calma del frente, nadie tiene por qué enterarse de lo que ha pasado aquí. Al enlace se le dice que el cabo murió de un ataque al corazón.

Andrés. —Cuando muere el cabo de una escuadra de castigo, en seguida se piensa que no ha muerto de muerte natural y se investiga. Se interroga hábilmente a los castigados y se busca el cuerpo... Desenterrarían el cadáver y... *(Con un gesto torvo.)* el cráneo roto...

Adolfo. —Entonces, una caída... O desapareció...

Andrés. —Sí, ¡se esfumó en el aire!

Adolfo. —Fue de observación y seguramente lo atraparon. Estará prisionero o quién sabe..., muerto...

Pedro. —*(Que ha asistido calladamente a este diálogo. Se levanta.)* No te canses, Adolfo. —Si llegamos a febrero, habrá Consejo de Guerra. Eso os lo aseguro yo, desde ahora.

Adolfo. —¿Por qué?

Pedro. —Bah... Todavía es pronto para preocuparse de eso. Son cosas mías..., ideas que uno tiene. Por otra parte, lo más seguro es que no lleguemos a febrero. Nos quedan cuarenta días de puesto. Y si ha de haber ofensiva, Dios quiera que empiece dentro de estos cuarenta días.

Adolfo. —¿Te has vuelto loco?

Pedro. —Ya lo veremos. Por el momento, si os parece, sigue rigiendo el mismo horario de siempre.

Adolfo. —Pedro, aquí ha muerto un hombre y ese hombre era el cabo, y si piensas que todo va a continuar igual, te equivocas. Yo hago lo que quiero y en mí no manda nadie. Se acabaron las órdenes y los horarios. Se acabaron, al menos para mí, las guardias, y la noche, desde ahora, es para dormir.

Pedro. —Te estás equivocando, Adolfo. —Esta escuadra sigue en su puesto. Y si no estás de acuerdo, trata de marcharte.

Adolfo. —¿Oís, chicos? Hay un nuevo cabo. —Se ha nombrado él. *(Ríe. De pronto, serio.)* Escucha, Pedro. —Si quieres seguir la suerte del otro continúa así.

Pedro. —¿Me amenazas?

Adolfo. —Te aviso.

PEDRO. —Pues ya sabes cómo pienso. Y si hay que vernos las caras, nos las veremos. Soy el soldado más antiguo y tomo el mando de la escuadra. ¿Hay algo que oponer?

ANDRÉS. —Por mí..., como si quieres tomar el mando de la división.

JAVIER. —A mí me da igual.

LUIS. —No, Pedro, Yo no tengo nada que oponer.

PEDRO. —*(A* ADOLFO.*)* Ya lo oyes.

ADOLFO. —Si te pones así, es posible que decida hacer una excursión.

PEDRO. —¿Cómo «una excursión»?

ADOLFO. —Un largo paseo por el bosque.

PEDRO. —¿Adónde quieres ir?

ADOLFO. —No lo sé aún.

PEDRO. —¿Entonces?

ADOLFO. —Si me encuentro incómodo aquí...

PEDRO. —No se te habrá ocurrido...

ADOLFO. —¿Qué?

Pedro. —¡Pasarte!

Adolfo. —¡Yo no he dicho eso! He dicho «una excursión».

Pedro. —Oye, Adolfo. —Que no se te ocurra abandonar el puesto, ¿lo oyes? Que no se te ocurra. Por desgracia, uno tiene ya las manos manchadas de sangre y lo más fácil es que un muerto más no se me note en estas manos ni que me vayan a temblar por eso.

Adolfo. —Ahora eres tú quien me amenaza.

Pedro. —No. Me defiendo.

(*Un silencio.*)

Adolfo. —Está bien. ¿Sabes lo que pienso, tú? Que somos dos imbéciles. Si tenemos distintos puntos de vista, no hay que enfadarse, ¿verdad?, sino tratar de conciliarlos y llegar a un acuerdo como buenos amigos. ¿Eh, Pedro?

Pedro. —Sí. (*Transición.*) No sé si me comprendéis. Lo que yo no quisiera es que, por este camino, llegáramos a degenerar y a convertirnos en un miserable grupo de asesinos. Se es un degenerado cuando ya no hay nada que intentar, cuando uno ya no puede hacer nada útil por los demás. Pero a nosotros se nos ofrece una estupenda posibilidad: cumplir una misión. Y la cumpliremos. Yo no quiero que acabemos siendo una banda de forajidos. Yo no soy un delincuente..., y menos un asesino... Ni vosotros... No hemos conseguido ser felices en la vida..., eso es todo.

Luis. —*(Por primera vez, habla.)* Es horrible que haya ocurrido todo esto, ¿verdad? Hay que contar con ello, pero... es horrible... Era preferible sufrir las impertinencias del cabo, a tener que pensar en esta muerte.

Andrés. —Tú no tienes que pensar en nada, Luis. —Ni siquiera tienes que meterte en nuestra conversación. Déjanos a nosotros. Tú no tienes nada que ver con lo que aquí ha pasado.

Luis. —No. Eso no. Yo soy uno de tantos, Andrés. —Yo estoy con vosotros para todo.

Andrés. —Es inútil. Por mucho que quieras, tú ya no puedes ser uno de tantos. Tú no estabas en la casa. Tú no sacaste tu machete. Tú no sentiste ese estremecimiento que se siente cuando se mata a un hombre...

Luis. —No... Pero yo hubiera bebido con vosotros. Yo hubiera empuñado el machete y le hubiera pegado como vosotros, de haber estado aquí.

Andrés. —No sé. Eso no puede ni pensarse.

Luis. —Yo soy un buen compañero.

Andrés. —Sí, claro.

Luis. Yo te aseguro...

Andrés. —No te preocupes. Si no hay que preocuparse...

Luis. —Yo no tengo la culpa de que me tocara la guardia a esa hora.

Andrés. —Claro. Si nadie te dice nada.

Luis. —No quieres creerme.

Andrés. —Te equivocas. Te creo.

(Se levanta y deja a Luis *solo.* Pedro *ha empezado a canturrear algo.)*

Adolfo. —*(Se tapa los oídos.)* Pedro, ¿quieres callarte?

Pedro. —¿Qué te pasa? ¿Es que no puede uno cantar?

Adolfo. —No... Canta lo que quieras... Pero es que ésa... es la canción que cantaba a veces el cabo Goban. Y no me gusta escucharla.

OSCURO

Cuadro Octavo

(Todos menos Pedro. *Sucios, sin afeitar y tirados por los suelos.* Adolfo *se remueve.)*

Adolfo. —¿Sabéis lo que estoy pensando? Que ya es demasiado y que así no podemos seguir... Días y días, tumbados por los suelos, revolcándonos como cerdos en la inmundicia... ¿Por qué no hacemos algo? Una expedición o algo parecido... Una patrulla de reconocimiento..., algo...

Andrés. —¿Y adónde vamos a ir?

Adolfo. —A cualquier parte. Es lo mismo. A cualquier parte. Esto es insano.

Andrés. —Yo ya no puedo ni dormir. Me parece que no puedo hacer otra cosa que dormir. Y me muero de sueño. Y no consigo dormir. Es terrible.

Adolfo. —Estás muy pálido. Y tienes los ojos hundidos.

Andrés. —A estas horas me da un poco de fiebre.

Adolfo. —*(Se levanta y va a la ventana.)* ¿A cuántos estamos? ¿Lo sabéis?

Luis. —A diez de enero.

Adolfo. —Me parece que ha pasado mucho más tiempo. *(Una pausa.)* Anoche creí oír disparos a lo lejos, y me gustaba. Me puse a escuchar para ver si era cierto..., queriendo que lo fuera. Porque significaba que hay más gente que nosotros en el mundo.

Luis. —A mí también me pareció oír disparos.

Andrés. —Yo no oí nada.

Adolfo. —Seguramente fue una ilusión. El viento en los árboles... Por la noche es como si todo el bosque estuviera habitado... Se oyen ruidos... Al principio me ponían la carne de gallina, pero ya no... Uno va superándose... *(Suena el timbre sordo del teléfono de campaña.)* Javier, ¿quiere usted coger el teléfono, por favor? No tiene más que alargar la mano, mientras que para nosotros representa un gran esfuerzo. *(Parece que* Javier *no oye. El timbre sigue sonando.)* El aparato, Javier. —Es un favor que te pedimos. Con seguridad es nuestro querido amigo Pedro que tiene algo pensado para esta noche. Una buena juerga... Vino y mujeres. Ya sabéis cómo es Pedro, chicos.

*(*Javier *ha escuchado las últimas palabras de* Adolfo *y coge, con desgana, el aparato.)*

Javier. —¡Di, Pedro! ¿Cómo? Sí... *(De pronto, trémulo, su mano ve crispa en el aparato.)* Sí, entiendo...

Bien... *(Pausa.)* Iré repitiendo tus palabras... *(Pausa.)* Se divisa a lo lejos un grupo enemigo... *(Pausa.)* Probablemente una compañía... *(Pausa.)* Exploradores... *(Pausa.) Es* posible que sea la vanguardia de la ofensiva... *(Pausa.)* Atención a las instrucciones... Tú te quedarás en el puesto... *(Pausa.)* En el momento preciso darás la señal para volar el campo... *(Pausa.)* Adolfo en la batería... *(Pausa.)* En cuanto estalle el campo salimos todos... cada uno a su posición... *(Pausa. Con una leve sonrisa.)* Hay que vender caras nuestras vidas... (Adolfo *se ha situado junto al dispositivo de la batería.* Luis *y* Andrés *han cogido nerviosamente las armas y forman grupo alrededor del teléfono.)* De acuerdo... Quedamos a la espera de tu señal... *(Se pasa la mano por la frente y tiene una ligera vacilación.* Luis *va a sujetarlo.)* No es nada, gracias... No es nada.

(Queda a la escucha. Una pausa dramática.)

Andrés. —¿Se ha callado? *(*Javier *hace un gesto d eque sí.)* ¿Y qué hay que hacer? ¿Esperar?

Adolfo. —Claro. *(A* Javier.*)* En cuanto Pedro dé la señal, dices «ya», hago contacto y salimos todos a la trinchera. ¿De acuerdo? *(Patéticos gestos de asentimiento.)* ¿No se oye nada?

Javier. —*(A la escucha.)* No.

Andrés. —Habla tú. Pregúntale a Pedro.

Javier. —Pedro, ¿qué hay? ¿Siguen avanzando? ¿Se ven más? *(Escucha.)* No contesta.

Andrés. —Insiste.

Javier. —¡Pedro! ¿Ocurre algo? ¿Por qué no hablas? ¿Estás ahí? *(Silencio.)* Nada...

Andrés. —*(Mira a todos con aprensión.)* ¿Por qué será?

Adolfo. —Es raro... O será que ha dejado el aparato un momento.

Andrés. —¿No le habrán sorprendido?

(Un grave silencio.)

Adolfo. —No creo...

Andrés. —Si le han sorprendido, pueden estar viniendo hacia aquí y no nos daremos cuenta hasta que no los tengamos encima.

Adolfo. —Cállate. Espera.

Andrés. —¡No podemos estarnos aquí, cruzados de brazos! ¡Hay que hacer algo!

(Se ha levantado.)

Adolfo. *(Con voz sorda.)* Estate quieto.

Andrés. —¡Es mejor que vayamos a la trinchera! Se nos

van a echar encima, Adolfo! ¡No podemos estarnos aquí!

ADOLFO. —Quieto. Cálmate. Son los nervios. Hay que dominar los nervios. No pasa nada, ¿ves? Espera...

ANDRÉS. —*(Se retuerce las manos. Gime.)* ¡No puedo esperar!

(Queda sentado y encogido, tratando de dominar los nervios. No lo consigue. Larga pausa. Todos miran el rostro de JAVIER, *que ahora está imperturbable. De pronto:)*

JAVIER. —¿Qué hay, Pedro? *(Escucha.* ANDRÉS *mira ansiosamente a* JAVIER.*)* Una compañía, sí... Se ha desviado... No venía nadie detrás... Una falsa alarma... Hasta luego...

OSCURO.

Cuadro Noveno

(Los cinco están acabando de comer, menos Javier, *que está tumbado en silencio.)*

Adolfo. —*(Que come el último bocado.)* ¿Tenéis tabaco?

Pedro. —*(Le da uno.)* El último paquete.

(Se lo guarda.)

Andrés. —La galleta está dura y apenas quedan conservas ni agua. Dentro de unos días no podremos vivir por nuestra cuenta.

Pedro. —Economizando tenemos para una semana. Es decir, hasta febrero. Lo demás no depende de nosotros. No hay por qué preocuparse.

Adolfo. —*(Fumando.)* Bien, parece que la cosa va a terminar mejor de lo que suponíamos. *(Ríe.)* La ofensiva se ha evaporado. *(Vuelve a reír.)* Habrá que empezar a pensar en otras cosas. Es posible que todas las desgracias hayan terminado para nosotros. ¿No os dais cuenta? Esto se está terminando, amigos. El tiempo llega a su fin. En resumen, ha habido suerte y no creo que podamos quejarnos. Lo más seguro es que nos retiren de este puesto y nos perdonen. La pena está cumplida. Nosotros no tenemos la culpa de que no nos hayan matado. Estábamos aquí para morir en la ofensiva, ¿qué le vamos a hacer? No creo que nos manden a otro puesto de castigo.

Pedro. —Es extraño, Adolfo. —Es extraño que te consideres limpio y dispuesto a vivir tranquilamente, como si no hubiera pasado nada. Hay una cuenta pendiente, Adolfo. —Una cuenta que no podemos olvidar.

Adolfo. —El cabo, ¿no?

Pedro. —Sí, el Cabo. —Yo no sé si el tiempo que hemos estado aquí ha sido suficiente para que nunca más volvamos a tener remordimientos de lo que cada uno hicimos antes. Pero sé que ahora somos culpables de la muerte de un hombre.

Adolfo. —¿Te arrepientes de haber matado al cabo Goban, a esa víbora...?

Pedro. —No. Y hasta es posible que si todo empezara de nuevo, volviera a matar al cabo Goban con vosotros; pero eso no cambia nada. Yo soy de los que creen que se puede matar a un hombre. Lo que pasa es que luego hay que enfrentarse con el crimen como hombres. Eso es lo que quiero decir.

Adolfo. —Pedro, yo no digo que haya que olvidar lo del cabo y vivir alegremente. El que tenga remordimientos, bien está y que los lleve con él toda la vida, si es preciso. Cada uno, según su conciencia. Pero ahora se trata de lo que hay que hacer cuando esto se acabe. Hay que imaginar una historia sobre la desaparición del Cabo. —A eso me refiero. «No sabemos qué ha sido de él». ¿Eh? ¿Qué os parece?

Andrés. —Sí, es lo mejor. Salió la mañana de Navidad y no hemos vuelto a verle.

Adolfo. —Hay que recordarlo bien. «La mañana de Navidad». Que no se os olvide. Después del desayuno, a eso de las ocho.

Andrés. —A eso de las ocho, sí. Dijo que iba de observación. Que pensaba internarse. Que si no estaba para la hora de comer, no nos preocupáramos. No sé si creerán que el cabo pensaba dejarnos tanto tiempo solos.

Adolfo. —Sí, ¿por qué no? Estaba inquieto. La noche antes había oído ruidos extraños.

Andrés. —Pudo mandarnos a cualquiera de nosotros.

Adolfo. —No se fiaba. Prefería...

Pedro. —*(Se levanta.)* Podéis continuar imaginando historias. No os va a servir de nada.

Adolfo. —¿Por qué?

Pedro. —Porque pienso denunciar la muerte del cabo, tal como ocurrió.

(Pausa larga. Todos se miran.)

ANDRÉS. —No, Pedro. Eso es una locura.

PEDRO. —Es lo que pienso hacer.

ADOLFO. —Estás hablando en broma, ¿verdad, Pedro? No puedes estar hablando seriamente. *(Trata de sonreír.)* ¿Verdad? Tú no piensas hacer lo que has dicho. De ningún modo piensas una cosa así.

PEDRO. —¿Os extraña?

ADOLFO. —¡Pedro! *(Se acerca a él.)* ¡Ten en cuenta que estamos hablando de verdad!

PEDRO. —Yo estoy hablando de verdad. Yo soy de los que no se asustan ante las consecuencias de los hechos. Sé cargar con ellas. Exijo cargar con ellas. Es mi modo de ser.

ADOLFO. —¡No, Pedro! ¡Tú no harás eso! ¡No puedes hacer eso! ¿Cómo se te ha ocurrido una cosa así? Estás jugando con fuego, Pedro.

PEDRO. —¿Jugando? Yo no sé jugar.

ADOLFO. —*(Se sienta. Sombrío.)* No puedes hacer eso. No puedes...
PEDRO. —*(Sin mirarle.)* ¿Qué es lo que no puedo?

ADOLFO. —Si tú no quieres ya vivir, no puedes arrastrarnos a seguir tu suerte.

Pedro. —Yo no arrastro a nadie. Yo voy sólo adonde me parece que debo ir. Vosotros haced lo que queráis.

Adolfo. —Es un suicidio. Es entregarte al piquete de ejecución.

Pedro. —No. Entregarme al piquete no me corresponde a mí. Que yo muera o no, les corresponde decidirlo a ellos. Lo mío se reduce a decir la participación que tuve en un crimen que se cometió en la noche de Navidad del año pasado. El cabo, a pesar de todo, era un compañero y lo que hicimos fue un crimen. ¿Está claro?

Adolfo. —Estás disponiendo de nuestras vidas, Pedro. —¿Qué hacemos nosotros?

Pedro. —Yo no pretendo discutir esto, Adolfo. —A mí me parece que hay cosas más importantes que vivir. Me daría mucha vergüenza seguir viviendo. Ya no podría ser feliz nunca.

Adolfo. —Pedro, estábamos borrachos. Ten en cuenta... El alcohol...

Pedro. —No, si eso es lo de menos. Estábamos borrachos, el alcohol... Sí, es verdad. No contaré ni una mentira. Lo diré todo, como ocurrió.

Adolfo. —Es un sacrificio inútil.

Pedro. —Ocultar lo que aquí ha pasado para ganarnos unos miserables años más de vida.., sí que me parece un sacrificio inútil.

Adolfo. —Pedro, ya te he entendido. No es nada de lo que dices. No es que seas más hombre que los demás. No es que te importe lo que ocurrió ni que creas que mereces ser castigado. Es simplemente que quieres morir. ¡Es que estás desesperado desde lo que pasó con tu mujer! ¡Es que estás loco!. ¡No es más que eso!

Pedro. —*(En un rugido.)* ¿De qué estás hablando, di? ¿De qué estás hablando? ¡O te callas, o...!

Adolfo. —¿Ves? Te ha dolido porque es verdad. Pero nosotros queremos vivir. Tú no, entiendes que nadie quiera vivir, ¿verdad? Pero nosotros... nosotros queremos...

(Pausa. Pedro se ha sentado, abatido.)

Andrés. —Pedro, ¿qué piensas?

Pedro. —Nada. Ya sabéis cuál es mi actitud. Interpretadla a vuestro gusto. Yo voy a entregarme al Consejo de Guerra. El que no quiera seguir mi suerte puede irse. Yo no soy quién para arrastraros por un camino que a vosotros no os parece... el mejor... *(Cierra los ojos. Lentamente.)* Yo he pensado mucho en ello. Voy a ir por ese camino. No veo otro... para mí... Para que mi vida no sea algo que un día tenga que arrastrar con vergüenza... para... para salvarme... No sé vosotros... Yo... He terminado... No cuento ya con vivir...

Andrés. —Yo te comprendo. Te has puesto por delante,

pero te comprendo. Yo quiero vivir, pero te comprendo. Nos haces un gran daño, porque habría que matarte para que callaras y sería ya demasiada sangre... No somos tan malos, ¿te das cuenta?

Adolfo. —Cállate, Andrés. —O habla por ti. A mí no me metas en tu compasión. Yo estoy dispuesto a salvarme, por encima de todo. *(Se apodera de un fusil y lo monta.)* Pedro, estoy dispuesto a llevarme a quien sea por delante. Tú lo has querido.

Pedro. —*(Se sienta tranquilamente.)* Únicamente te digo... que lo pienses un poco antes de hacer una tontería. No te aconsejo que prescindas de mí. No te conviene. Tendrías que dar luego demasiadas explicaciones... y lo más seguro es que no llegaran a creerte. Después de las cosas que han ocurrido, creo que conviene meditar antes de tomar una decisión. ¿Estás seguro de que los demás están de acuerdo contigo? ¿No te dejarán solo cuando lo hagas...; en cuanto aprietes el gatillo?

Adolfo. —Andrés, ¿tú qué piensas?

Andrés. —No, Adolfo. —No creo que debas hacerlo. Espera. Ya pensaremos.

Adolfo. —Y vosotros, ¿qué?

Javier. —*(Se encoge de hombros.)* Me gustaría volver a casa, pero me parece que se ha puesto muy difícil volver. Estoy dispuesto a que se cumpla lo que tenga que cumplirse. Lo que tiene que venir... a pesar de todos nuestros esfuerzos. No contéis conmigo para nada. Me gustaría no volver a hablar nunca.

Adolfo. —*(Hace un gesto de impaciencia.)* ¡Bah!¡Tonterías! ¿Qué razón hay para que nos demos por vencidos? Sin Pedro, tenemos una larga vida por delante. ¿Qué hacemos con él? *(Nadie responde. Exasperado.)* Tú, Luis, ¿qué piensas? Claro, a ti te da igual también. No tienes nada que temer del Consejo de Guerra, ¿eh? ¡Te lo has creído! Todo depende de lo que declaremos los demás. Si nosotros queremos, cae todo sobre ti. ¿Te das cuenta? Tú lo mataste... en el puesto de guardia. ¡Y niégalo! Luis, no es que vayamos a decir eso. Lo que quiero hacerte comprender es que tienes que ayudarnos.

(Luis vuelve la cabeza.)

Pedro. —Te han dejado solo.
(Adolfo, desalentado, lira el fusil. Se sienta y oculta el rostro entre las manos.)

OSCURO.

Cuadro Décimo

(Están todos, menos Pedro. – Javier, *tendido.* Adolfo, *en una actitud semejante a la del final del cuadro anterior. Alza la cabeza y dice:)*

Adolfo. —¿Y Pedro?

Andrés. —Acaba de salir.

Adolfo. —Bien. Quería deciros una cosa. A pesar de todo, a pesar de vuestro miedo y de los escrúpulos de todos, Pedro tiene que morir. Es nuestra única salida. Es inútil tratar de convencerlo. Hay que terminar con él si todavía queremos esperar algo de la vida. Por otra parte, no es tan terrible si lo que os horroriza es... hacerlo. Yo solo lo hago. Y no me importa porque sé que él quiere morir y que espera con impaciencia el momento de ponerse ante el piquete. Supongo que... habréis reflexionado y... sin duda...

Andrés. —Yo no lo autorizo, Adolfo. —Ya está bien de sangre. Y cállate ya.

Adolfo. —*(Se estremece.)* Estamos a treinta. Dentro de unas horas puede venir la patrulla. Empieza a ser peligroso permanecer aquí. Yo había pensado que resultaría fácil explicar la desaparición de

Pedro. —Simplemente... se fue con el cabo. —Los dos, prisioneros del enemigo, con toda seguridad.

Andrés. —Cállate, Adolfo. —Es inútil.

Adolfo. —*(Sombrío.)* Está bien. Entonces no habrá más remedio que abandonar esta casa hoy mismo. ¿Y adónde ir? Por el bosque... a las montañas... Todo este país es una trampa para nosotros. Aunque... puede que tengamos una posibilidad de salvarnos.

Andrés. —¿Cuál?

Adolfo. —Podríamos organizarnos por nuestra cuenta... en la tierra de nadie. Hacer vida de guerrilla, cogiendo provisiones en las aldeas y viviendo en las montañas. Nos damos de baja en el Ejército y ya está. Sé de grupos que han vivido así años y años. Y supongo que no se pasará mal del todo.

Andrés. —No, Adolfo. —Tampoco en eso estoy de acuerdo contigo. Yo quiero vivir, pero no tengo ganas de luchar..., no me siento con fuerzas. Yo he decidido pasarme. No es una agradable salida, pero al menos viviré. En los campos de prisioneros se vive.

Adolfo. —¿Eso es todo lo que se te ocurre?

Andrés. —Sí.

Adolfo. —¡Pues eres un estúpido! Andrés, escucha. Me

estáis volviendo loco entre todos. ¿Qué es lo que pretendéis? Estáis todos contra mí. Os habéis abandonado... Que decida el destino por nosotros, ¿no? ¿Y qué es eso del destino? *(Ríe.)* No queréis vivir ninguno. Tú dices que sí, pero es mentira. Escúchame. En las montañas del Norte se puede vivir. Dentro de poco empezará la primavera y no faltarán frutas en las huertas abandonadas y caza en el monte.

Andrés. —No. Me doy cuenta de que yo no sirvo para vivir así, huido..., hasta que me cace a tiros una patrulla de unos o de otros. Yo quiero descansar. En el «campo», al menos, podré tumbarme. ¿Sabes? Desde que el cabo me pegó aquí *(Por el pecho.)*, no me encuentro muy bien.

Adolfo. —¿Pero es que no sabes cómo se trabaja en los «campos»? Como bestias. Te reventarán en una cantera o en una mina.

Andrés. —Por la noche podré dormir.

Adolfo. —No... Acabarás como han acabado muchos, tirándose contra las alambradas, electrocutados, si es que puedes. Que es posible que ni eso puedas hacer. Vente conmigo.

Andrés. —Contra las alambradas... Me haces reir... Para tirarse contra las alambradas hay que desear morir, y yo...

Adolfo. —Claro que lo deseas, y si no... acabarás deseándolo.

Andrés. —No... Vivir... como sea...

Adolfo. —¿Cómo crees que te tratarán los guardianes del campo? ¡A latigazos!

Andrés. —Lo veremos.

Adolfo. —Los hay que ya ni se mueven para nada, que ya no sienten ni los golpes... Son como plantas enfermas... Tumbados... Se lo hacen todo encima y no se mueven... Viven entre su propia porquería...

Andrés. —Descansan, por fin.

Adolfo. —Sin contar con que, ¿quién te dice que vas a llegar al «campo»? Es probable que te cacen al acercarte a las líneas.

Andrés. —Llevaré una bandera blanca. No creo que disparen.

Adolfo. —Andrés, tú no te das cuenta de lo que podríamos hacer. Uno solo es difícil, pero un pequeño grupo armado... ¡Podríamos hacer tantas cosas...! En el monte hay escondrijos... Va a merecer la pena. Hasta es posible que pasemos buenos ratos. ¡Escucha!

Andrés. —He decidido ya, Adolfo.

Adolfo. —¿Y vosotros? *(Entra* Pedro.*)* Luis, ¿tú?

Luis. —Yo voy a seguir aquí, con Pedro. —Si supiera que te iba a servir de algo mi ayuda, me iría contigo. Pero iba a ser un estorbo para ti. Habría que cometer violencias en las aldeas, robar..., quizá matar si los campesinos nos hacían frente. No sirvo para eso, Adolfo. —Perdóname.

Adolfo. —No contaba contigo, Luis. —No tienes que explicarte.

Luis. —Haces bien en despreciarme, Adolfo. —Tienes derecho a despreciarme.

Adolfo. —¡Déjame en paz! ¿Y tú, Javier? *(Javier no responde.)* ¿Te quedas?

Javier. —Sí.

Adolfo. —¿Sabes lo que eso significa? ¡Fusilado!

Javier. —Sí, lo sé..., aunque a mí es posible que no me fusilen.

Adolfo. —¿A ti? ¿Por qué?
Javier. —Son cosas mías.

Adolfo. —¿Va a declarar Pedro a tu favor?

Javier. —No. No es eso. A Pedro le gusta decir la verdad. ¿Eh, Pedro?

(Pedro no contesta.)

ADOLFO. —¿Entonces?

JAVIER. —Déjame en paz. Sois dos estúpidos, Andrés y tú. Dices con horror «fusilado» y te vas a que te cacen como una alimaña, a tiros... o te linchen en cualquier aldea... El otro quiere vivir y se va a que lo aplasten entre las alambradas de un «campo». Tiene gracia. Todos son... caminos de muerte. ¿No os dais cuenta? Es inútil luchar. Está pronunciada la última palabra y todo es inútil. En realidad, todo era inútil... desde un principio. Y desde un principio estaba pronunciada la última palabra. Todavía queréis luchar contra el destino de esta escuadra... que no es sólo la muerte, como creíamos al principio... sino una muerte infame... ¿Tal torpes sois... que no os habéis dado cuenta aún?

PEDRO. —*(Aislado, habla.)* ¿Pero sabéis que yo tenía una esperanza? La de que el desenlace llegara por otro sitio. Que todo hubiera acabado en esta casa, frente al enemigo, pasados a cuchillo, después de habernos llevado por delante a unos cuantos... y después de haber avisado a la primera línea. Ya que no se nos ha concedido este fin, pido, al menos, que no haya nunca ofensiva en este sector, y que nuestro sacrificio sirva para detener el derramamiento de sangre que parecía avecinarse a todo lo largo del frente.

ADOLFO. —*(Se levanta. Bosteza.) Voy* a ver si duermo. Al anochecer abandonaré esta casa. En la primera aldea habrá alguien que quiera venirse conmigo

al monte. Necesito encontrar un compañero y lo tendré.
(Se echa a dormir.)

Andrés. —Me iré contigo. Si te parece, vamos juntos hasta la salida del bosque. Allí, un apretón de manos y... ¡buena suerte! Voy a tumbarme un rato..., aunque creo que no podré dormir.

(Se echa también. Luis *está mirando por la ventana.* Javier, *sentado, con la mirada fija en el suelo.* Pedro *pasea, pensativo. De pronto, se para y dice a* Javier.*)*

Pedro. —Entonces, ¿has llegado a eso? ¿A pensar...?

Javier. —*(Se encoge de hombros.)* No sé a qué te refieres.

Pedro. —Javier, desde que ocurrió «aquello» has estado pensando, cavilando, ¿te crees que no me he dado cuenta?; mientras los demás tratábamos de actuar a nuestra manera, tú, mientras tanto, nos mirabas... yo diría que con curiosidad..., como un médico puede mirar a través de un microscopio...

Javier. —*(Ríe secamente.)* Sólo que yo soy una de las bacterias que hay en la gota de agua..., en esta gota que cae en el vacío. Una bacteria que se da cuenta, ¿te imaginas algo más espantoso? *(Un silencio.)* Sí, tienes razón. Durante todo este tiempo, desde que matamos a Goban, he estado investigando..., tratando de responder a ciertas preguntas que no he tenido más remedio que plantearme...

PEDRO. —¿Y qué?

JAVIER. —Ahora ya sé..., me he enterado..., mi trabajo ha concluido felizmente. He conseguido *(Una leve sonrisa.)* un éxito... desde el punto de vista científico... He llegado a conclusiones.

PEDRO. —¿Qué conclusiones?

JAVIER. —La muerte del cabo Goban no fue un hecho fortuito.

PEDRO. —No te entiendo.

JAVIER. —Formaba parte de un vasto plan de castigo.

PEDRO. —¿Has llegado a pensar eso?

JAVIER. —Sí. Mientras él vivía llevábamos una existencia casi feliz. Bastaba con obedecer y sufrir. Se hacía uno la ilusión de que estaba purificándose y de que podía salvarse. Cada uno se acordaba de su pecado, un pecado con fecha y con circunstancias.

PEDRO. —¿Y después?

JAVIER. —Goban estaba aquí para castigarnos y se dejó matar.

PEDRO. —¿Que se dejó matar? ¿Para qué?

JAVIER. —Para que la tortura continuara y creciera. Estaba

aquí para eso. Estaba aquí para que lo matáramos. Y caímos en la trampa. Por si eso fuera poco, la última oportunidad, la ofensiva, nos ha sido negada. Para nosotros estaba decretada, desde no sé dónde, una muerte sucia. Eso es todo. Tú dices que tenías esa esperanza... la de que muriéramos en la lucha..., pobre Pedro... Y todavía, ¿verdad que sí?, todavía tienes... no sé qué esperanzas..., ¿cómo has dicho antes?, «que nuestro sacrificio sirva...» Eso es como rezar...

PEDRO. —Sí, es como rezar. Puede que sea lo único que nos queda... un poco de tiempo aún para cuando ya parece todo perdido..., rezar...

JAVIER. —*(Ríe ásperamente.)* Estamos marcados, PEDRO. — Estamos marcados. Rezar, ¿para qué?, ¿a quién? Rezar...

PEDRO. —¡Cómo puedes decir eso...! ¿Entonces crees que alguien...?

JAVIER. —Sí. Hay alguien que nos castiga por algo..., por algo... Debe haber..., sí, a fin de cuentas, habrá que creer en eso... Una falta.., de origen... Un misterioso y horrible pecado... del que no tenemos ni idea... Puede que haga mucho tiempo...

PEDRO. —Bueno, seguramente tienes razón, pero déjate de pensar eso... Debe ser malo... No, tú no te preocupes... Hay que procurar tranquilizarse... para hacer frente a lo que nos espera.

JAVIER. —Sí, pero yo no puedo evitarlo..., tengo que pensar,

¿sabes? *(Sonríe débilmente.)* Es... mi vocación... desde niño..., mientras los demás jugaban alegremente..., yo me quedaba sentado, quieto... y me gustaba pensar...

OSCURO.

Cuadro Undécimo

(En la oscuridad, ruido de viento. Hay -pero apenas pueden ser distinguidas- dos sombras, entre árboles, en primer término. Suenan, medrosas, como en un susurro, las voces de Adolfo *y* Andrés.*)*

Andrés. —Espera... Estoy cansado... Hemos andado mucho...

Adolfo. —¿Qué te ocurre?

Andrés. —Hemos... andado mucho... ¿Dónde estamos?

Adolfo. —Aquí termina el bosque, ¿no lo ves? Y por allá, la montaña.

Andrés. —¿Y dónde... las líneas enemigas?

Adolfo. —Enfrente de nosotros..., allí...

Andrés. —Déjame sentarme,... Estoy cansado...

(Una sombra se abate.)

Adolfo. —Vamos, no te sientes ahora. Hay que darse prisa...
Andrés. —Vete tú, vete tú... Si quieres...
Adolfo. —No; yo solo no... Tú te vienes conmigo... Es una locura lo de pasarse..., una locura...

(Una ráfaga de viento.)

ANDRÉS. —¿Qué dices?

ADOLFO. —Es una locura...

(Una larga ráfaga de viento.)

ANDRÉS. —¿Sabes lo que me gustaría? No haber salido de la casa...

ADOLFO. —¿Qué quieres ahora? ¿Volver?

ANDRÉS. —No. Ya no.

ADOLFO. —¿Vienes o no vienes?

ANDRÉS. —No... Me quedo aquí... Cuando me tranquilice, iré hacia ellos... Cuando *(Con ahogo.)* me tranquilice...

ADOLFO. —¡Andrés, ven conmigo! ¡Yo también tengo miedo a lo que voy a hacer..., pero juntos...!

ANDRÉS. —No me harán nada, ya verás! ¡No me harán ningún daño!

ADOLFO. —Entonces, como quieras!, adiós y... ¡buena suerte!

ANDRÉS. ¡Buena suerte, Adolfo!

(Las sombras se separan. Otra ráfaga de viento.)

OSCURO.

Cuadro Duodécimo

(Se hace luz en la escena. Crepúsculo. Está solo Luis. *– En seguida entra* Pedro.*)*

Pedro. —¡Luis!

Luis. —¿Qué hay?

Pedro. —*(Descolgando el fusil.)* ¿Qué ha estado haciendo Javier esta tarde?

Luis. —Nada. Sentado ahí. Y luego se marchó. Dijo que iba a dar un paseo por el bosque. ¿Por qué?

Pedro. —¿No le notaste nada raro?

Luis. —No. únicamente... que desde que anoche se marcharon Adolfo y Andrés, no ha vuelto a decir una palabra.

Pedro. —Ya no la dirá nunca. Acabo de encontrarlo en el bosque. Se ha colgado.

Luis. —Cómo! ¿Que se ha...? ¿Muerto?

Pedro. —Sí. A unos cincuenta metros de aquí. De un árbol. Cuando venía hacia la casa me he topado con él... Se balanceaba... Ha sido un triste final para el pobre Javier. —He tenido que trepar al árbol para descolgarlo... Allí está...

Luis. —¡Ahorcado!

Pedro. —No ha tenido valor para seguir. Seguramente venía pensando hacerlo. Y ahora que está a punto de llegar la patrulla se conoce que le ha parecido absurdo continuar... O ha tenido miedo... Y como el final iba a ser el mismo... ha decidido acabar por su cuenta.

Luis. —Pero no es lo mismo. Acabar así es lo peor. Es condenarse.

Pedro. —Él se sentía ya condenado. Se creía maldito. Pensaba demasiado. Eso le ha llevado... a terminar así.

Luis. *(Con voz temerosa.)* Y en realidad parece que ésta era una escuadra maldita, Pedro. —¿Qué será de Adolfo y de Andrés a estas horas? ¿Habrán llegado muy lejos?

Pedro. —*(Se encoge de hombros.)* Déjalos. Es como si se los hubiera tragado la tierra. Bien perdidos están.

(Un silencio.)

Luis. —Estamos solos, Pedro. —Solos en esta casa. ¿Qué va a ser de nosotros?

Pedro. —Yo también desapareceré, Luis. —Sólo tú vivirás.

Luis. —No, Pedro. —Yo no quiero vivir si todos vosotros me dejáis. No hay razón para que yo haya sido excluido. Pedro, te pido que digas: Luis estuvo con nosotros esa noche. Luis también mató.

Pedro. —No. Tú te quedas aquí, en este mundo. Quizá sea ése tu castigo. Quedarte, seguir viviendo y conservar en el corazón el recuerdo de esta historia.

Luis. —Pero yo no podré...

Pedro. —Sí podrás. Acabará la guerra y tú volverás a vivir. Encontrarás nuevos amigos. Te enamorarás de una mujer... Te casarás... Tú debes aceptarlo todo. Ellos no sabrán por qué a veces te quedas triste un momento..., como si recordaras... Y entonces estarás pensando en el cabo, en Javier, en Adolfo, en Andrés, en mí... Luis, no tienes que apenarte por nosotros. Apénate por ti..., por la larga condena que te queda por cumplir: tu vida.

Luis. —Pedro, y todo esto, ¿por qué? ¿Qué habremos hecho antes? ¿Cuándo habremos merecido todo esto? ¿Nos lo merecíamos, Pedro?

Pedro. —¡Bah! No hay que preguntar. ¿Para qué? No hay respuesta. El único que podía hablar está callado. Mañana vendrá seguramente la patrulla. Échate a dormir. Yo haré la guardia esta noche.

Luis. —No. Échate tú, Pedro. —Yo haré la guardia.

Pedro. —Entonces... la haremos juntos, charlaremos..., tendremos muchas cosas que decir. Seguramente es la última noche que pasamos aquí. Sí, esto se ha terminado.

Luis. —*(Que ha mirado fijamente a* Pedro.*)* ¿Sabes? Yo apenas hablo..., no me gusta decir muchas cosas..., pero hoy, que estamos tan solos aquí, tengo que decirte que te admiro. Y que te quiero mucho. Que te quiero como si fueras mi hermano mayor.

Pedro. —Vamos, muchacho... Estás llorando... No debes llorar... No merece la pena nada... *(Saca un paquete de tabaco con dos cigarrillos.)* Mira, dos cigarrillos. Son los últimos. ¿Quieres fumar?

(Los ha sacado y estrujado el paquete.)

Luis. —No..., no he fumado nunca.

Pedro. —Que sea la primera vez. *(Encienden. Fuman.)* ¿Te gusta? (Luis *asiente, limpiándose lágrimas, como de humo.* Pedro *le mira con ternura.)* Tu primer cigarrillo... No lo olvidarás nunca... Y cuando todo esto pase y te parezca como soñado, como si no hubiera ocurrido nunca..., cuando tú quieras recordar... Si algún día, dentro de muchos años, quieres volver a acordarte de mí..., tendrás que encender un cigarrillo..., y con su sabor esta casa volverá a existir, y el cuerpo de Javier estará recién descolgado, y yo... yo te estaré mirando... así...

(Está oscureciendo. Cae lentamente el

TELÓN

El cementerio de automóviles

Personajes

Lasca, mujer de edad.
Tiosido, muchacho joven.
Milos criado distinguido de unos 40 años.
Dila, mujer de 25 años, guapa.
Emanu, trompetista de 33 años.
Topé clarinetista de 30 años.
Foder, saxofonista de 30 años, mudo.

Explanada delante de un cementerio de automóviles. Al fondo, automóviles. A causa del desnivel del terreno se pueden ver a lo lejos automóviles amontonados. Son viejos y están sucios y oxidados. Los coches de la primera fila no tienen cristales sino cortinas de tela de saco. Para distinguirlos los llamaremos: «coche 1», «coche 2», «coche 3», «coche 4» y «coche 5». Delante y a la derecha está el «coche A». Tiene, también, a guisa de ventanillas, cortinas de saco y una chimenea sobre el techo.

Delante del «coche 2» hay un par de botas sucísimas y destrozadas.

Acto primero

(DILA *sale del «coche A» con una campanilla en la mano*).

DILA.—*(Dirigiéndose a los ocupantes de los coches mientras toca la campanilla fuertemente).*
¡A dormir todo el mundo! No quiero volver a oír ni una mosca. ¡A dormir todo el mundo!

(Se oyen las protestas y los murmullos de desaprobación que salen del interior de los coches).

¿Qué es eso? ¿Los señores protestan? (DILA *se para un momento para oír mejor, tras breve silencio se oye un leve murmullo de queja que emerge del «coche 3»*).

¡A callarse!

VOZ DE HOMBRE.—*(«Coche 3»).* ¡Pero si sólo estábamos rezando!

DILA.—*(Metiendo la cabeza entre las cortinas del «coche 3»).*
¿Creéis que no sé muy bien lo que pasa? Menuda pareja estáis hechos.

(Desde el centro de la explanada a todos).

El que quiera rezar que rece, pero en silencio.

(Nuevos murmullos de desaprobación).

¡Silencio! ¡A dormir todo el mundo! Y que no tenga yo que levantarme por culpa de «los señores».

(DILA *da unos cuantos campanillazos más y se mete en el «coche A». Murmullos de desaprobación. Silencio. Un atleta a paso gimnástico entra por la derecha. Es* TIOSIDO, *la caricatura del atleta; su manera de marchar es también la caricatura del atletismo. Va vestido de atleta con el número 456 sobre el pecho. Es muy joven. Junto a él -retrasándose y adelantándose- va* LASCA. *Tiene un aspecto muy corriente y el pelo blanco. Parece infatigable. Aconseja a* TIOSIDO *mientras cruzan la escena de derecha a izquierda).*

LASCA.—¡Ese pecho!
(Pausa).
La respiración, no te olvides de la respiración
(Pausa).
Uno-dos, uno-dos, uno-dos, uno-dos.
(Pausa).
La barbilla. Y sobre todo no te olvides de la respiración.
Uno-dos, uno-dos, uno-dos, uno-dos, uno-dos.

(LASCA *infatigable.* TIOSIDO *agotado. Tras cruzar el escenario de derecha a izquierda salen por la izquierda. Aún se oye el «uno-dos» de* LASCA. *Silencio. De pronto, dentro del «coche 3», se oye que hacen ruidos. Alguien enciende una vela dentro de él. A través de la cortina se ve un pequeño resplandor. Dentro del «coche 3» un hombre y una mujer de unos setenta y tantos años cada uno, sostienen este diálogo).*

Voz de mujer.—¿Qué te pasa amor?

Voz de hombre.—No puedo dormir a gusto. Hay algo que me molesta.

Voz de mujer.—¿No será que te has clavado el volante en los riñones?

Voz de hombre.—No es eso. Es la postura.

Voz de mujer.—¿Quieres cambiar de sitio conmigo?

Voz de hombre.—Bueno.

> *(Ruidos de muelles, de hierros. Golpes. Voces del hombre y de la mujer: «Venga». «No empujes tanto». «No soy yo quien empuja». «Cuidado con mi pierna», etc., tras algunos quejidos de fatiga los ruidos cesan).*

Voz de mujer.—Te encuentras bien, amor?

Voz de hombre.—Sí, mucho mejor.

Voz de mujer.—¿Quieres alguna cosa más?

Voz de hombre.—No. Vamos a ver si podemos dormir tranquilos.
   (Un tiempo).
   ¿Has pedido que nos sirvan el desayuno en la cama?

Voz de mujer.—¡Ay!, no. Se me ha olvidado. No te preocupes, ahora mismo llamo al criado.

(*Ruidos de muelles. Por fin se oye la bocina del «coche 3». Otro bocinazo. Del «coche A» sale un criado perfectamente vestido y muy correcto. Se llama* Milos. *Se dirige al «coche 3». Pasa la cabeza entre las cortinas tras haber dado un golpe leve sobre la portezuela*).

Milos.—¿Qué quieren los señores?

Voz de mujer.—Se nos había olvidado encargar el desayuno.

Milos.—¿Quieren los señores que se lo sirva en la cama?

Voz de mujer.—Naturalmente.

Milos.—¿Qué quieren desayunar los señores?

Voz de mujer.—(*Al hombre*). ¿Qué quieres?

Voz de hombre.—Una copita de aguardiente.

Voz de mujer.—(*A* Milos).
    Entonces, tráiganos dos copitas de aguardiente.

Milos.—Lo siento, señores, pero no tenemos aguardiente.

Voz de hombre.—(*Irritado*).
    ¿Que no tienen aguardiente? En menudo tugurio nos hemos metido. Ni siquiera tienen aguardiente. Ya te dije que este sitio no me gustaba nada en absoluto. ¡Pero te empeñaste!
(*A* Milos).
    Entonces, ¿qué tienen?

MILOS.—Tenemos pipas, un barquillo, regaliz y judías verdes a discreción.

VOZ DE HOMBRE.—Y agua ¿tienen?

MILOS.—Sí, señor, toda la que quiera el señor.

VOZ DE HOMBRE.—Entonces tráiganos un par de vasos de agua muy caliente.

MILOS.—¿Cómo quieren los vasos los señores? ¿Grandes o pequeños?

VOZ DE HOMBRE.—Grandes.

MILOS.—¿Quieren algo más los señores?

VOZ DE HOMBRE.—No, nada más.

MILOS.—A su disposición, señor. No tiene nada más que llamarme. Que pasen muy buenas noches los señores.

(MILOS *ve el par de botas que hay junto al motor del «coche 2». Las coge. Las mira. Las deja sobre el motor. Va al «coche A». Saca un cepillo. Vuelve hacia el «coche 2». Muy elegantemente escupe sobre las botas. Luego extiende la saliva por toda la bota con ayuda del cepillo. Por fin cepilla. Mientras está sacando brillo entran en escena* LASCA *y* TIOSIDO *por la derecha.* TIOSIDO *sigue vestido de atleta, sigue corriendo a paso gimnástico y está más agotado que la otra vez.* LASCA, *sin dar muestras de fatiga, aconseja a* TIOSIDO).

Lasca.—La respiración. ¡Esa respiración!
(Más tarde).
Saca el pecho. Derecho, no te inclines. Uno-dos, uno-dos, uno-dos.

(Cruzan el escenario de derecha a izquierda. Salen por la izquierda. Milos *ni siquiera los ha mirado. Sigue limpiando las botas, sin perder sus buenos modales.* Milos *una vez que ha terminado de limpiar las botas vuelve al «coche A». Antes de que* Milos *haya entrado en el «coche A»,* Dila *sale del mismo coche).*

Milos.—*(Duramente).*
Vete a hacer lo que te tengo ordenado.

Dila.—Déjame que no lo haga hoy.

Milos.—*(Colérico).*
Estira la mano.

*(*Dila, *temerosamente, estira la mano hacia* Milos. Milos, *con una regla, le da un par de reglazos).*

La otra mano.

*(*Milos *le da otro par de reglazos en la otra mano).*

Y ahora ve a hacer lo que te tengo mandado.

*(*Dila, *casi llorando, va al «coche 1», pasa la cabeza entre las cortinas de saco.* Milos, *junto al «coche A», la contempla).*

Dila.—Señor, déjeme que le bese.
   (Ruido de beso).
      Gracias.
   (Dila, *siempre a medio llorar, va al «coche 2»*).

Dila.—¿Todavía no está dormido? ¿Qué le pasa?

Voz de hombre.—*(Gruñón).*
      ¿Cuándo vas a dejar de molestarme? Estoy harto de que todas las noches me vengas con esta comedia.

Dila.—Deme un beso.

Voz de hombre.—Te he dicho mil veces y mil veces te volveré a decir que no.

Dila.—Os lo ruego.

Voz de hombre.—Te he dicho que me dejes en paz.

   (Dila *da la sensación de que forcejea para besarle. Por fin lo logra.* Milos *contempla contento la escena.* Dila *va al «coche 3». Se oye cómo* Dila *besa a alguien. Inmediatamente se oye este diálogo dentro del «coche 3»*).

Voz de mujer.—¿Qué ha sido eso?

Voz de hombre.—Nada.

   (Dila *va al «coche 4». Pasa la cabeza entre las cortinas. Se oye el ruido de un beso*).

Voz de hombre.—Otro.
(Se oye un beso).
Otro.
(Se oye un beso).
Gracias.

(Dila *va al «coche 5».* Milos *sigue contemplando muy satisfecho).*

Dila.—Señor, déjeme que le bese.
(Beso).
¡Gracias!

(Dila, *a medio* llorar, va *hacia* Milos).

Milos.—Que no se te vuelva a olvidar nunca más.

(Dila, *a medio llorar, no responde. Los dos se dirigen al «coche A».* Milos, *amorosamente, coge por el hombro a* Dila. *Entran en el «coche A». Silencio. Ronquidos. Por la derecha entra* Tiosido *a paso gimnástico, agotado.* Lasca *[delante de él] infatigable, le hace marcar el paso).*

Lasca.—Uno-dos, uno-dos, uno-dos, uno-dos, uno-dos...
(Cruza el escenario de derecha a izquierda. Desaparecen por la izquierda. Silencio. Ronquidos. Por la derecha entra Emanu *con una trompeta en la mano. En la otra lleva una cesta de labor que deposita en el suelo.* Emanu *toca la trompeta. En el silencio su trompeta suena durante largo tiempo.* Dila *saca la cabeza por la ventanilla del «coche A» y contempla a* Emanu *entusiasmada.* Milos, *violentamente, corre la cortina y hace entrar a* Dila. Emanu *se calla. Silencio. Al fondo y a la derecha se oye un toque*

de clarinete. EMANU *toca de nuevo. Parece contento. Silencio. Al fondo y a la izquierda alguien toca el saxofón. Inmediatamente también* EMANU *toca su trompeta. Silencio. Entra en escena por la derecha* TOPÉ *con un clarinete en la mano. Y por la izquierda* FODER *con su saxofón en una mano y tres hamacas plegables, en la otra.* FODER *es mudo. Se saludan alegremente).*

EMANU.—Ya hacía rato que os esperaba.

TOPÉ.—Pues no puedes decir que hemos llegado tarde.

(FODER *despliega las tres hamacas. Los tres amigos se sientan cómodamente sobre ellas.* FODER *-el mudo- es muy expresivo. Su mímica es muy alegre, casi siempre está a favor de lo que dice* EMANU, *por el que al parecer tiene una gran admiración.* EMANU *saca de la cesta de labor lo necesario para hacer punto. Está haciendo un jersey.* FODER *devana la madeja que* TOPÉ *ha colocado entre sus brazos).*

TOPÉ.—Y a qué hora tenemos que ir a tocar?

EMANU.—Dentro de un momento.

TOPÉ.—¿Van a venir los polis a detenernos?

EMANU.—Dicen que sí. Pero nos escaparemos como siempre.

TOPÉ.—Va a durar mucho el baile?

EMANU.—Hasta la madrugada.

Topé.—Pues nos vamos a hartar de tocar.

Emanu.—Hay que hacerlo.

Topé.—Tendríamos que encontrar otro oficio más productivo.

Emanu.—Ya he pensado en ello.

Topé.—Y qué se te ha ocurrido?

Emanu.—Podríamos ser ladrones.

Topé.—¿De los que roban?

Emanu.—Pues claro.

Topé.—*(Satisfecho y sorprendido)*. ¿No?

Emanu.—Así tendríamos mucho dinero. Ya no tendríamos que distraerles tocando. Les daríamos el dinero y sanseacabó.

Topé.—*(De pronto)*. ¿Y podríamos también ser criminales?

Emanu.—Y por qué no?

Topé.—*(Satisfecho)*. Saldría nuestro nombre en los periódicos.

Emanu.—¿Y cómo lo dudas?

Topé.—Pero eso de ser criminal sí que tiene que ser difícil.

Emanu.—Sin comparación mucho más que ladrón. Además hay que tener mucha suerte.

Topé.—Tienes razón; un crimen tiene que ser la mar de complicado.

Emanu.—Y siempre hay jaleos: Que si se mancha uno de sangre, que si las huellas...

Topé.—*(Interrumpiéndole)*. ¡Huy, lo de las huellas, ya he oído hablar de eso!

Emanu.—Y sobre todo, lo peor: la víctima casi siempre chilla por lo que he oído.

Topé.—¿Chilla?

Emanu.—Sí, no quiere que la maten.

Topé.—*(Soñador)*. Tiene que ser muy bonito.

Emanu.—Pero ya te digo, muy difícil y muy expuesto.

Topé.—¿Y nadie puede matar sin que le pase nada?

Emanu.—Claro que sí. Todo está muy bien organizado. Hay una forma, pero hay que estudiar mucho.

Topé.—¿Cómo?

Emanu.—Haciéndose juez.

Topé.- ¿Y ganan tanto dinero como los criminales?

Emanu-, Sí, mucho.

Topé.—¿Y a quiénes matan?

Emanu.—Pues muy sencillo, matan a los que hacen cosas malas.

Topé.—¿Y cómo hacen para saber cuándo una cosa es mala?

Emanu.—Es que son muy listos.

Topé.—Ya tienen que serlo. Oye, ¿pero siempre, siempre, saben cuándo una cosa es mala?

Emanu.—Siempre, siempre. Ya te he dicho que son muy listos y además tienen que haber hecho estudios, por lo menos el bachillerato y todo lo demás.

Topé.—*(Asombrado)*. Vaya tíos, así ya podrán.

> Alguien dentro del «coche 2» toca la bocina. Emanu y Topé *se callan y esperan. Nuevos bocinazos. Del «coche A» sale* Milos, *impecable. Los tres amigos contemplan la escena.* Milos *se dirige al «coche 2». Introduce la cabeza entre la cortina y el saco).*

Milos.—¿Qué desea, señor?

Voz de hombre.—*(Seca y autoritaria)*. Una mujer... una criada.

Milos.—Inmediatamente se la traigo al señor. ¿Quería algo más?

(Silencio).

Que pase muy buena noche el señor.

(Milos *entra en el «coche A». Inmediatamente sale del «coche A»* Dila *-en combinación- a punto de llorar.* Dila *va al «coche 2». Asoma la cabeza entre las cortinas).*

Dila.—Buenas noches, señor...

(Sin dejarla terminar, una mano la atrae violentamente hacia el interior. Dila *entra en el «coche 2».* Emanu, Topé *y* Foder *han comtemplado la escena con curiosidad pero sin mostrar la menor sorpresa).*

Topé.—Es que, Emanu, ya empieza a cansarme eso de tocar y tocar todas las noches...

Emanu.—Pero Topé, los pobres también tienen que bailar. Y como no tienen dinero para ir al baile...

Topé.—Los que pagamos el pato somos nosotros.

Emanu.—¿Y qué te puede importar? Como sólo nosotros sabemos tocar...

Topé.—Eso una vez, dos. ¿Pero cuánto tiempo hace que venimos todas las noches?

Emanu.—Y he perdido la cuenta.

Topé.—Y como nos está prohibido tocar al aire libre, estamos expuestos, por si fuera poco, a que el menor día nos metan en la cárcel. Ya sabes que seguramente esta noche vendrán a por nosotros.

Emanu.—No te preocupes, nos escaparemos.

Topé.—Y luego esa moda que has sacado de hacerles jerseys para el invierno y cogerles margaritas para cuando se enamoran. Te aseguro que a mí también me gustaría ser un pobre del barrio.

Emanu.—Pero no olvides que tenemos que ser buenos.

Topé.—Pero ¿para qué nos va a servir?

Emanu.—Porque siendo bueno...
(Recitando).
«se siente una gran alegría interior que proviene de la tranquilidad en que se halla el espíritu al sentirse semejante a la imagen ideal del hombre».

Topé.—¡Vaya tío que eres! ¡Nunca te equivocas ni lo más mínimo! Además, lo dices sin respirar, que tiene más mérito.

Emanu.—Claro, como que me lo aprendí de carrerilla.

Topé.—Yo creo que lo que tendríamos que hacer para que los pobres dejen de sufrir es matarles a todos.

Emanu.—Eso ya lo han intentado hace mucho los otros y no lo logran, y eso que son la mar de influyentes.
Topé.—Pues entonces, ¿no hay medio?

Emanu.—Nosotros no lo conocemos aún. Tendremos que seguir tocando todas las noches.

Topé.—Lo malo es que ya sabes cómo se han puesto contra ti los otros. Desde que el otro día diste de comer a todo el baile con una sola barra de pan y una lata de sardinas están que muerden. Entre ellos y los polis no te van a dejar en paz.

(Por la derecha entra Tiosido *[agotado por el esfuerzo] a paso gimnástico.* Lasca *le sigue infatigable dándole consejos; ahora lleva un grueso reloj despertador en la mano).*

Lasca.—Un esfuerzo y bates el récord.
(Más tarde).
Sólo un pequeño esfuerzo y tienes el récord en tu mano. Sigue, sigue.
(Más tarde).
Ya verás cómo esta vez sí que bates el récord.

*(*Lasca *y* Tiosido *cruzan el escenario de derecha a izquierda. Durante el tiempo que* Lasca *y* Tiosido *cruzan el escenario, los tres amigos dejan de hablar y los contemplan con curiosidad, pero sin asombro).*

Emanu.—Pero si no tocamos nosotros, ¿quién lo va ha hacer?

Topé.—En eso sí que tienes razón.

Emanu.—Además, con el frío que hace estas noches, si no bailan, figúrate.
Topé.—Y que me lo digas a mí que me quedo hecho un carámbano mientras toco el clarinete.
Emanu.—Pero no olvides lo que siempre te repito, en cuanto encontremos otra cosa mejor para ellos y

que nos cueste menos trabajo dejaremos de tocar todas las noches.

(*De la derecha vienen voces irritadas, que dicen*).

—¿Pero cuándo van a venir esos músicos?

—¡Estamos hartos de esperar!

—Cada noche vienen más tarde!

—Eso es un abuso.

—(Todos a coro): Mú-si-ca, mú-si-ca, mú-si-ca...

Topé.—Ya los oyes.

Emanu.—Es verdad, qué enfadados están.

Topé.—Como no vayamos en seguida no sé lo que nos van a hacer.
Emanu.—Esperad un momento que termine esta vuelta.

(Emanu, *que sigue haciendo punto, intenta ir más de prisa..*)..

(*Voces desde el fondo a la derecha*).

—(Todos a coro): Mú-si-ca, mú-si-ca, música...

—(Alguno): ¿Pero qué hacen esos músicos que no vienen?
Topé.—Venga, vamos que nos van a linchar.

Emanu.—¡Con lo que son!

Topé.—La culpa es nuestra: teníamos que estar ya sobre el tablado.

Emanu.—Id vosotros ahora. Yo iré cuando termine esta vuelta.

Topé.—Bueno, hasta ahora.

(Topé y Foder *salen por la derecha. Poco después la muchedumbre que gritaba, silba. Entre los silbidos se pueden escuchar algunos aplausos. Poco tiempo después empieza la música. Los ritmos se oyen aunque suavemente durante las próximas escenas. Sólo jazz y rock. En cuanto* Topé *y* Foder *salen,* Emanu *corre a la derecha para convencerse de que sus amigos se han alejado suficientemente. Luego se acerca al «coche 2»*).

Emanu.—*(Como en un susurro).*
    Dila. Dila.
    (Pausa).
    Dila.
    (Pausa. Más fuerte).
    Dila, soy yo.

Voz de hombre—*(Que está dentro del «coche 2». Despectivo).*
    Espérese, coño. Ahora mismo sale.
    (Silencio. Emanu *espera impaciente.* Dila, *por fin, asoma la cabeza. Va a salir. De pronto la mano del hombre del «coche 2» la atrae de nuevo al interior del coche. Silencio.* Emanu *espera impaciente. Por fin,* Dila *sale del «coche*

2», *esta vez violentamente. Sin duda, arrojada del interior. Cae al suelo.* EMANU *se acerca a ella).*

EMANU.—Quería verte.
(*Pausa).*
Dila, quiero estar contigo esta noche. Quiero que mi boca sea una jaula para tu lengua y mis manos golondrinas para tus senos.

DILA.—*(Sorprendida).* ¡Emanu!

EMANU.—Además los amigos dicen que no soy un hombre. Dicen que no podré serlo hasta que haya estado con una mujer.

DILA.—¿Y quieres que sea conmigo?

EMANU.—Sí, Dila. Tú eres mejor que las otras. Contigo no me va a dar casi vergüenza. Además sé casi cómo tengo que hacer. Cuando te miro, trenes eléctricos danzan como mariposas entre mis piernas.

DILA.—Sabes cómo es él de celoso.

EMANU.—No nos verá. Seguro. Y si nos descubriera le diríamos que estábamos jugando a los soldados. Estaremos juntos e invisibles como la noche y los pensamientos. Nos abrazaremos y revolotearemos como dos ardillas submarinas.

DILA.—Pero Emanu, tienes que ir a tocar la trompeta al baile.

EMANU.—Pero si sólo será cuestión de unos minutos.

(De pronto).
         ¿Es que no quieres?

DILA.—Sí, pero...

EMANU.—Ya sé, no quieres porque sabes que no tengo experiencia.

DILA.—Eso no tiene importancia. Yo tengo mucha.

EMANU.—Entonces Dila, nos compensamos.

DILA.—Vamos.
   (Pausa).
         Te acariciaré como si fueras un lago de miel en la palma de mi mano.

(DILA y EMANU *se colocan detrás del «coche A» de forma que los espectadores no les ven. En el baile -al fondo y a la derecha- en este momento suena un rock particularmente rítmico. A los pocos instantes sale del «coche A»* MILOS. *Se encarama sobre el motor del coche y ve lo que pasa detrás -es decir, lo que hacen* DILA y EMANU. *Mira lleno de curiosidad y de alegría. A los pocos instantes se dirige al «coche 2». Habla al hombre del interior pasando la cabeza por entre las cortinas).*

MILOS.—Mire lo que hace Dila.
   (Ríe).
         Cuidado que no le vean. Mire a través de las cortinas.

(MILOS *se esconde tras el «coche 2». Ríe. Se oye la risita del hombre que está en el «coche 2». Ahora se oye la risa escandalosa del hombre del «coche 2».* MILOS *pasa la cabeza entre las cortinas del «coche 3»).*

Miren, miren. Si se esconden tras las cortinas pueden verlo todo la mar de bien.

(Ríe. MILOS *se esconde tras el «coche 3». Se oye la risa del hombre del «coche 2». También se oye la risa del matrimonio del «coche 3». Ella ríe histéricamente).*

VOZ DE MUJER.—*(«Coche 3», entrecortada por la risa).*
Qué divertido. Hacia años que no había visto algo tan bueno.
(Ríe).

VOZ DE HOMBRE.—*(«Coche 3», entre risas).*
¡Qué graciosos! ¡Qué graciosos son los dos!

(Todos ríen. MILOS *va al «coche 1», pasa la cabeza entre las cortinas. Sin duda, informa, al oído, al hombre del «coche 1». Las personas que están dentro de los «coches 1, 2 y 3» ríen cada vez más.* MILOS *también.* TIOSIDO *entra por la derecha. Más cansado aún; como de costumbre, marcha a paso gimnástico.* LASCA, *infatigable, le prodiga consejos. Sus cabezas casi se tocan.* LASCA *lleva el ritmo).*

LASCA.—Uno, dos, uno, dos, uno, dos. Ya llega. Ya llega. Un esfuerzo. Empuja un poco más y consigues el récord. Uno-dos, uno-dos... Ya viene, ya viene, ya viene...

*(*LASCA *y* TIOSIDO, *después de cruzar el escenario de derecha a*

izquierda, salen. Durante el tiempo que Lasca *y* Tiosido *han estado en escena las risas han dejado de oírse y* Milos *ha permanecido inmóvil. Pero de nuevo ríen todos con descaro.* Milos *se acerca al «coche 4» y luego al «5». A las personas del interior les dice la misma frase:)*

Milos—Mire, mire.
  (Ríe).
  Mire qué graciosa es mi mujer.

(A pesar de que no se ve a ninguna de las personas que están en los cinco coches, sus risas son cada vez más estrepitosas. Entre las cortinas del «coche 3» aparecen unos prismáticos dirigidos hacia el «coche A». De pronto -súbitamente-, todos se callan. El prismático desaparece. Milos, *atemorizado, vuelve al «coche A». Por encima del motor mira un momento hacia atrás. Gesto de terror. Rápidamente se mete dentro del «coche A». Largo silencio.* Dila *y* Emanu *aparecen de nuevo: salen de detrás del «coche A»).*
Emanu.—*(Avergonzado).*

Dila..., la verdad es que los amigos no me decían nada... y además sí que tenía experiencia. Lo que pasaba es que quería estar contigo.

Dila.—¿Por qué tienes que venir todas las noches con las mismas mentiras?
Emanu.—No me riñas, Dila.

Dila.—*(Digna).*
  No necesitas decirme nada, ya sabes que siempre acepto.

EMANU.—Lo hago por si acaso. Pero te prometo que no te volveré a engañar.

DILA.—Todas las noches me prometes lo mismo.

EMANU.—Esta vez juro que me corregiré.

DILA.—Siempre te creo.

EMANU.—Quiero ser bueno, Dila.

DILA.—Yo también quiero ser buena, Emanu.

EMANU.—Tú ya lo eres, todo el mundo puede acostarse contigo.

DILA.—Pero querría ser mejor aún.

EMANU.—Yo también.

DILA.—Pero ¿para qué nos va a servir el ser buenos?

EMANU.—Es que siendo buenos...
(Recitando como una lección aprendida).
«Se siente una gran alegría interior que proviene de la tranquilidad en que se halla el espíritu al sentirse semejante a la imagen ideal del hombre».

DILA.—*(Entusiasmada).*
Cada vez te sale mejor, Emanu.

EMANU.—*(Orgulloso).* Sí, no me puedo quejar. Me lo aprendí de carrerilla.

Dila.—Tú sí que eres listo: lo sabes todo.

Emanu.—Tanto como todo, todo, no, pero casi todo. Por lo menos las cosas más importantes y además siempre de carrerilla.

Dila.—Yo lo que creo es que hay algo dentro de ti... algo formidable.
(Pausa).
Bien, sólo para ver las cosas que sabes.

Emanu.—Pues... eso de que para qué sirve ser bueno... sé tocar la trompeta... sé todos los meses del año sin dejarme ni uno.

Dila.—¿No?

Emanu.—Sí, sé también cuánto vale cada billete y también los días de la semana, todo de carrerilla.

Dila.—¡Qué tío eres! ¿Y también sabes demostrar las cosas como las personas importantes? Demuestra lo que quieras, lo más difícil que veas.

Emanu.—Sí, para eso tengo un método especial. Dime que te demuestre algo muy difícil.

Dila.—Demuéstrame que las jirafas se montan en ascensores.

Emanu.—Nada más sencillo: las jirafas se montan en los ascensores porque se montan en los ascensores.

Dila.—*(Entusiasmada).* ¡Qué bien lo has demostrado!

Emanu.—Todo lo demuestro igual de bien.

Dila.—Y si te pido que me demuestres lo contrario: que las jirafas no se montan en los ascensores.

Emanu. —Eso sería más fácil aún: no tendría que hacer nada más que la misma demostración sino que al revés.

Dila. —Muy bien. Lo sabes todo. Estoy convencida de que tú tienes que tener algo, o bien ser un hijo...
(Señala el cielo, dice torpemente).
 ... de alguien... de alguien, vamos, muy importante.

Emanu. —Que va. Mi madre era muy pobre. Me ha contado que era tan pobre que cuando yo iba a nacer nadie la dejaba entrar en su casa para que yo naciera. Sólo una vaca y un burro que estaban en un portal casi en ruinas se compadecieron de ella. Mi madre entró en el portal y yo nací. El burro y la vaca con el aliento me daban calor y dice mi madre que como la vaca estaba muy contenta de que yo naciera hacía muu y el burro relinchaba y movía las orejas.

Dila. —Y nadie quiso ayudar a tu madre.

Emanu. —No, nadie.

Dila. —¿Y qué pasó luego?

Emanu. —Luego fuimos a otro pueblo y allí mi padre era

carpintero y yo le ayudaba a hacer mesas y sillas; pero por la noche iba a aprender a tocar la trompeta. Cuando cumplí los treinta años les dije a mis padres que me iba a tocar la trompeta para que los pobres que no tenían dinero pudieran bailar por la noche.

DILA. —¿Y entonces fue cuando Topé y Foder se unieron a ti?

EMANU. —Sí.

(La música que ha estado oyéndose hasta ahora termina. Se oyen gritos que provienen de la derecha. Es TOPÉ *que grita: ¡Emanu! ¡Emanu!)*

EMANU. —Me tengo que ir, si no se enfadarán.

(Entra por la derecha corriendo, FODER. *Por gestos, dice a* EMANU *que le espera).*

EMANU. —Adiós, Dila, hasta luego.

DILA. —Adiós, Emanu.

(De pronto, preocupada).

DILA. —Oye, ¿van a venir los guardias por vosotros hoy?

EMANU. —Creo que sí. ¿Nos avisarás?

DILA. —Desde luego.

Emanu. —Gracias. Adiós.

Dila. —Adiós.

(Emanu y Foder *salen juntos por la derecha, al poco tiempo se oye de nuevo la música.* Dila *–sola en escena– llama violentamente a la puerta del «coche A»).*

Dila. —Sal de ahí, no te escondas. Sal, estúpido.
(Milos *sale al poco tiempo cabizbajo y temeroso).*
No agaches la cabeza. Mírame.
(Cada vez más violentamente).
Te digo que me mires. ¿Es que no me oyes? ¡Levanta la cabeza!

(Milos, *temeroso, levanta la cabeza).*

Dila. —¿Cuántas veces te he dicho que me tienes que dejar en paz?

Milos. —Dila, yo no sabía que...

Dila. —No sabías, ¿eh? Todas las noches te tengo que decir lo mismo. ¿Crees que esto va a poder durar así? Estoy más que harta, me voy a ir definitivamente.

Milos. —*(Suplicando).*
Dila, no me dejes solo, no me abandones.

Dila. —Y por si fuera poco has avisado a esos imbéciles.
(Señala hacia los coches. Largo silencio. Dirigiéndose hacia los coches).

Eso es, callaros como zorros. ¿Creéis que no sé que estáis espiando detrás de las cortinas?
(Silencio. Las cortinas del «coche 3» se mueven casi imperceptiblemente al mismo tiempo que se oye un cuchicheo temeroso).
¿Qué decís? Atreveros ahora. ¿Por qué reíais?
(Silencio. DILA va al «coche 3», levanta la cortina. No se ve nada del interior).
Eso es, haceros los dormidos. Como si no os conociera bien. ¿No me oís?
El señor se ha dormido de pronto. ¿No es eso?
¿Crees que no oí tu risa escandalosa?

MILOS. —Déjalos, ya sabes que tienen el sueño muy pesado. No te oirán por más que les grites.

DILA. —No me oirán ¿verdad? No hay peor sordo que el que no quiere oír.
(Silencio. Se oyen cuchicheos que provienen de dentro de los coches).
¿Qué es lo que decís? Atreveros a hablar de una vez.
(Silencio).

MILOS. —Déjales, Dila, ya sabes cómo son de susceptibles y de tímidos. Más vale que no se despierten.

DILA. —Eso es, defiéndelos tú ahora, como si no tuvieras bastante con defenderte a ti mismo.

MILOS. —No, Dila, no les defiendo.
(Pausa).
Déjame ir a la cama, tengo mucho sueño.

Dila. —El señor tiene sueño. El señor no puede permanecer ni un momento más junto a mí...

Milos. —Dila, tengo mucho sueño. Ya sabes que por la mañana tengo mucho trabajo, tengo que servirles el desayuno en la cama, tengo que hacer la limpieza de los coches, hacer las camas, quitar el polvo, sacar brillo al suelo. Ya sabes cómo son de exigentes. Y si no duermo ahora, mañana estaré para el arrastre.

Dila. —Pero antes pídeme perdón.

Milos. —Sí, Dila, perdón.

Dila. —De rodillas y mejor dicho.

Milos. —*(De rodillas, con emoción)*
Perdóname, Dila.
Dila. —Puedes irte a la cama.

(Milos *trata de besar a* Dila *al mismo tiempo que le dice «Buenas noches».* Dila *le rechaza, violentamente).*
No me toques.
(Milos *entra en el «coche* A». Dila *va hacia el «coche 3». Habla a los del «coche 3»).*
¡Conque seguís dormidos!
(Pausa).
Ya me estáis dando el espejo y el peine para peinarme
(Silencio. Pausa).
¿Es que no me habéis oído?
(De entre las cortinas del «coche 3» aparecen un espejo y

un peine gigantescos. No se ve la mano de quien los ha sacado. DILA *los coge violentamente.* DILA *va a una de las hamacas. Se recuesta sobre ella. Se peina con mimo. Entran por la izquierda [contrariamente a las otras veces que entraban por la derecha]* TIOSIDO *y* LASCA. TIOSIDO, *vestido como de costumbre, de atleta, marcha a paso gimnástico de izquierda a derecha.* LASCA, *infatigable, parece muy enfadada*).

LASCA. —(*Enfadadísima:* TIOSIDO *parece que no la oye*).
¿Pero es que no me oyes? Te repito que te has confundido de dirección. Así ¿cómo vas a batir el récord? Te digo que tienes que ir hacia la izquierda. Te has equivocado. ¿No me oyes?

(TIOSIDO *de pronto se para. Duda un instante. Trata de orientarse: está cansadísimo. Por fin cambia de dirección: vuelve, siempre a paso gimnástico, hacia la izquierda.* LASCA, *contenta*).
Eso es, hombre. Esa es la dirección. Verás. Vas a batir el récord. La respiración. Uno-dos, uno-dos, uno-dos, uno-dos...

(LASCA *y* TIOSIDO *salen por la izquierda.* DILA *continúa peinándose con mimo y tranquilidad.* MILOS *asoma la cabeza a través de la ventanilla del «coche A». Mira a* DILA, *sonríe.* DILA *levanta la cabeza rápidamente. Al fondo, la música se oye claramente. De pronto, a lo lejos [por la izquierda], se oyen voces*).

VOZ DE HOMBRE. —E-ma-nu! ¡Los Guardias! ¡E-ma-nu!, vienen por ti.

VOZ DE OTRO HOMBRE. —E-ma-nu! ¡Que ya llegan!

(DILA *se levanta inquieta, va hacia la izquierda . Pasa delante del «coche A». Al pasar asoma* MILOS *por la ventanilla*) .

MILOS. —No vayas. No le avises. Qué te importa a ti que les detengan. No te metas en eso.

DILA. —*(Violentamente)*. No soy ninguna niña. Sé defenderme sola.

(DILA *sale por la derecha*).

DILA. —Emanu, los polis!

(MILOS *la ve alejarse con pena. Por fin mete la cabeza. Se oye muy a lo lejos -a la izquierda- los silbatos de los guardias; se seguirán oyendo durante toda la escena siguiente. A partir de este momento y hasta el final de este acto la acción que se desarrolla en bastidores deberá ser el contrapunto de la acción que se desarrolla en escena. Entran por la derecha* LASCA *y* TIOSIDO *arrastrándose: sin poder dar un paso.* LASCA, *infatigable, le empuja, forzándole a seguir, le arrastra. Recuérdese que* LASCA *es una mujer de edad -tiene canas- y* TIOSIDO *es joven*).

LASCA. —Haz un esfuerzo. Sólo un esfuerzo más.

(*Cuando llegan a la mitad del escenario* TIOSIDO *cae rendido por el esfuerzo. Se ha desmayado.* LASCA *le hace la respiración artificial. Luego lo arrastra hasta ponerlo sobre una hamaca.* TIOSIDO *poco a poco se repone. Mientras tanto la música ha cesado. Se oyen gritos de pánico que provienen de la derecha. Ruido de carreras. De la izquierda provienen los silbatos de los guardias que se acercan cada vez más).*

Tiosido. —*(Al despertarse, tiernamente a* Lasca*).*
    Amor mío.

Lasca. —No te pongas sentimental, como siempre.

Tiosido. —Amor mío, bésame. Lo necesito.

Lasca. —*(Sin hacerle caso).*
    ¿Te has recuperado ya? ¿Se te ha pasado el desmayo?

Tiosido. —Sí, vidita. Ahora te tengo a ti.

*(*Tiosido *intenta besar a* Lasca *con pasión. Ella le rechaza violentamente).*

Lasca. —Aquí no. Te he dicho mil veces que no te portes así en público.

Tiosido. —Sólo un beso. Si no me das un beso no podré recuperarme totalmente.

Lasca. —Pero sólo uno.

*(*Tiosido *y* Lasca *se besan apasionadamente). Mientras se besan se oyen cuchicheos y risitas que provienen de los coches y se ve moverse las cortinas. A la derecha ruidos de carreras. A la izquierda, silbatos que se aproximan.* Tiosido *y* Lasca *acaban de besarse).*

LASCA. —No nos habrá visto nadie?

TIOSIDO. —No, Lasca, nadie.

LASCA. —Creo que he oído ruidos sospechosos.

TIOSIDO. —Qué imaginación tienes, vida mía.

(Se besan de nuevo largamente. Mientras se besan, cruzan el escenario de derecha a izquierda FODER, TOPÉ *y* EMANU *de prisa y encogidos, tocando casi las rodillas con la barbilla.* TOPÉ *se para y da un salto para tratar de ver lo que ocurre detrás de los coches -en el fondo. Horrorizado, hace un gesto a sus amigos indicándoles que el peligro está detrás de los coches. En efecto, se oyen muy claramente ya los silbatos de los guardias.* TOPÉ, EMANU *y* FODER *terminan de cruzar el escenario y salen por la izquierda. Los silbatos de los guardias se alejan por la derecha.* LASCA *y* TIOSIDO *terminan de besarse).*

LASCA. —*(Emocionada).*
¡Ay, Tiosido, cómo eres!

TIOSIDO. —¿Me querrás siempre?

LASCA. —SÍ, Tiosido, bien lo sabes.

TIOSIDO. —¿Hasta que me muera?

LASCA. —Tú no te puedes morir.

TIOSIDO. —Ni tú tampoco, Lasca. Viviremos siempre juntos.

LASCA. —¿Me quieres como el primer día?

TIOSIDO. —Sí.

LASCA. —¿Sólo como el primer día?

TIOSIDO. —No, mucho más aún.
(LASCA *besa apasionadamente a* TIOSIDO. *Cuchicheos en los coches. Las cortinas de saco se alborotan, una voz susurra desde el «coche 3». «¿Pero otra vez?» Los silbidos y las carreras se siguen oyendo, pero cada vez más alejados*).

LASCA. —*(De pronto, muy preocupada)*
Vamos, tienes que entrenarte.

TIOSIDO. —No, Lasca. Por hoy ya es suficiente.

LASCA. —Suficiente? ¿Te parece suficiente? ¿Has olvidado, por casualidad que hoy sólo has empezado a las cinco de la mañana?

TIOSIDO. —Un día es un día.

LASCA. —Te parece buena disculpa? Bien sabes que tienes que entrenarte todos los días desde las cuatro de la mañana. Si pierdes una hora es el camino de la perdición.

TIOSIDO. —Mañana me entrenaré más tiempo.

(Pausa. Tiernamente).

Además, para hoy he pensado en algo mucho mejor.

Lasca. —*(Horrorizada)*. No, eso no. Eso de ninguna manera. Te debilitarías mucho. Así no podrás nunca ganar el récord.

Tiosido. —*(Suplicando)*.
Sólo una vez, Lasca.

Lasca. —Ni una vez ni ninguna.

Tiosido. —Es que Lasca... cuando estoy contigo...

Lasca. —No, te he dicho que no; además, no tenemos ningún sitio en dónde meternos.

Tiosido. —Podemos ir a uno de los coches.

Lasca. —No, eso sí que no. Serías capaz de llevarme a un sitio de esos. ¿Es así como me quieres?

Tiosido. —Pero si sólo es por una vez. Nadie se va a dar cuenta.

Lasca. —Pero puede vernos algún conocido mío. Y si luego se lo dicen a mi...

Tiosido. —*(Cortándole la palabra)*. Nadie nos verá. Es ya muy de noche.

Lasca. —¿Y querrás que llene también la ficha? Con lo que ruedan esas fichas. Dios sabe a qué manos irán a parar.

Tiosido. —No, sólo llenaré la mía. La tuya no es necesaria.

Lasca. —*(Tras breve silencio y a punto de llorar)*.

Y ya sé, luego te vas a portar como un bruto.

Tiosido. —No, Lasca, lo haré con cuidado.

Lasca. —¿Pero me seguirás queriendo después, o vas a hacer como todos?

Tiosido. —No, Lasca, yo no soy como los demás. Ya verás. Vamos.

(Tiosido y Lasca *van hacia el «coche A». * Lasca, *temerosa, se esconde tras el motor.* Tiosido *llama a la puerta del «coche A». Silencio.* Tiosido *llama de nuevo*).

Voz de Milos. —(*Que se acaba de despertar*).
Sí, sí, ya voy. Pues vaya golpes, ni que estuviera sordo.

(*No aparece nadie. Silencio. Al fondo y a la izquierda se oye la voz de* Dila: *«Emanu, que vuelven los guardias». Inmediatamente se oyen -a la derecha- los silbatos de los guardias que se acercan. A la izquierda la gente corre: ruido de carreras.* Dila *continúa llamando a* Emanu *para advertirle la llegada de la policía.* Tiosido *y* Lasca *se impacientan*).

Lasca. —Pero es que no va a abrir?

Tiosido. —No te impacientes, mujer.

Lasca. —Llama otra vez.

(Tiosido, *llama procurando hacer el menor ruido posible*).

Voz de Milos. —*(Que está medio dormido).*
 Pero ya he dicho que voy. ¡Qué barbaridad! ¡Vaya golpes!
(No aparece nadie. Silbatos a la derecha, carreras a la izquierda. Por la izquierda entran Foder, Topé *y* Emanu. *Los tres van muy de prisa y entran casi en cuclillas. Cruzan el escenario de izquierda a derecha. Los silbatos parten ahora de detrás de los coches, al fondo.* Tiosido *y* Lasca *están cada vez más impacientes).*

Lasca. —Llama otra vez.

*(*Tiosido, *con todo cuidado, llama a la puerta del «coche A»).*

Voz de Milos. —*(Decididamente acaba de despertarse).*
 Pero ya les he oído. Qué golpetazos: van a derribar la puerta como sigan así.
(No aparece nadie. Pausa. Los silbatos se alejan por el fondo a la derecha. Los ruidos de carreras se alejan por el fondo. Por fin se asoma Milos*).*

Voz de Milos. —*(Violento).*
 ¿Qué quiere?

Tiosido. —Quería pasar la noche aquí.

Milos. —*(Deshaciéndose en atenciones).*
 Perdóneme el señor por haberle hecho esperar, no sabía que se trataba de un cliente. Por el momento tenemos algo que espero complazca al señor.

Tiosido. —Pero no estoy solo.

Milos. —Está acompañado? No importa. El sitio es grande. ¿Lleva usted documentación?

Tiosido. —¡Ay, no!, se me ha olvidado en casa.

Milos. —*(De nuevo violento).*
En ese caso no tengo nada en absoluto.

Tiosido. —No le puede servir mi número de atleta?

(Se arranca el número 456 que lleva sobre el pecho y se lo entrega).

Milos. —*(Deshaciéndose en atenciones).*
Naturalmente que sí. Estamos aquí para servir al señor; firme, por favor.
(Tiosido *firma. Voz de* Dila. *En bastidores a la derecha.* «Emanu, vuelven los guardias». *Ruido de silbatos y de carreras).*
¿Quieren seguirme los señores?

Lasca. —¿Es que no me va a pedir a mí que llene la ficha?

Milos. —Con la firma del señor es suficiente.

Lasca. —Pero estoy segura de que es necesario que llene una ficha.

Milos. —No se preocupe, señora, ya le digo que con la del señor es suficiente.

LASCA. —*(Disgustada).*
  Bueno. Usted sabrá lo que hace. Por mí, allá películas. Seguro que se la carga.

  (Ceremoniosamente MILOS *les abre la puerta del «coche 2»)*

MILOS. —*(Al hombre que está dentro del coche).*
  Señor, que vienen otros señores a ocupar la otra mitad.

VOZ DE HOMBRE. —¡Los muy cerdos! ¿No podían ir a joder a otro rincón?

MILOS. —Lo siento, señor. Para mañana intentaré encontrarle un coche individual.

VOZ DE HOMBRE. —Menudo berzas estás tú hecho.
  (TIOSIDO *y* LASCA *entran en el «coche 2». Antes de cerrar la puerta.* LASCA *dice a* MILOS).

LASCA. —Mañana llámenos a las tres de la madrugada.

MILOS. —Descuiden los señores. Buenas noches, señores.

  (MILOS *va al «coche A». Entra dentro. Por la derecha entran corriendo* TOPÉ, EMANU *y* FODER. *Están amedrentados. Los silbatos de los guardias les persiguen de cerca.* TOPÉ, EMANU *y* FODER *se esconden detrás de las hamacas, parapetados detrás del «coche 1». No se les ve. Sólo asoman, como tres fusiles, las tres extremidades de sus instrumentos.* FODER *levanta la cabeza, mira hacia la derecha, horrorizado se agacha de nuevo. El ruido de silbatos se aproxima cada vez más por la derecha. Cuando van a entrar en escena una voz les detiene).*

Voz de Dila. —(*Voz muy lasciva).*
    Oigan, por favor.
    Miren.

(Los guardias, se nota por el ruido de sus pasos y por la ausencia de silbatos, que se han parado).

Voz de Dila. —Miren esto.
  (Voz voluptuosa).
    ¡Ay! No sé qué me pasa.
  (Se queja y, por fin, ríe lascivamente).
    ¿Les gusta?

(Risa estridente y cachonda. Se oyen las risas tontas de los guardias. Alguien muge).

TELÓN

Acto segundo

(El mismo decorado. Horas después. A la izquierda, cada uno sobre una hamaca, duermen Emanu, Topé *y* Foder. *En sus manos tienen su instrumento respectivo. Ruidos en el «coche 2»).*

Voz de hombre. —(«Coche 2»).

¿Pero es que no se pueden estar quietos?

Voz de Teosido. —Perdone: no lo hacemos aposta.

Voz de Lasca. —Es tan pequeño esto.

(Risita. Al poco tiempo entra Dila *por la derecha. Se dirige a* Emanu. *Le despierta).*

Emanu.*(Sobresaltado)*
 ¿Ya te han dejado en paz?

Dila. —Sí.

*(*Topé *y* Foder *se despiertan).*

Voz de Topé. —¿Te han molestado mucho?

Dila. —No, lo normal.

Emanu. —Si no fuera por ti, a estas horas estaríamos durmiendo a la sombra. Eres nuestra heroína de cine mudo.
(Entusiasta)

Dila. —De buena te has librado. Con lo rabiosos que están.

Topé. —¿Qué nos van a hacer?

Dila. —Es a Emanu a quien buscan. Eso dijeron.

Topé. —Claro, como que siempre eres tú el que te señalas.

Emanu. —Pues vaya gracia.

Dila. —Incluso han prometido que le darán mucho dinero al que les diga dónde te escondes.

Emanu. —¿Sí?

Dila. —Como lo oyes. Yo me he quedado con ganas de denunciarte, así me hubiera podido comprar paños higiénicos.

Emanu. —Y por qué no lo has hecho?

Dila. —*(Sorprendida).*
¡Ah! Pues eso sí que no lo sé.

Topé. —Tú nunca sabes nada.

DILA. —Yo creo que te debes ir. Pueden volver.

EMANU. —Con todas estas historias, nunca vamos a estar tranquilos.

(MILOS, *con aire feroz, mira hacia el grupo, asomado a la ventanilla del «coche A». El grupo no se da cuenta de su presencia.* MILOS, *mientras mira, bebe, sorbiendo -haciendo mucho ruido- una taza gigantesca de caldo que debe de estar muy caliente ya que sopla constantemente*).

TOPÉ. —Y dónde vamos a podernos meter?

DILA. —Esconderse por aquí es bien sencillo.

TOPÉ. —Mira que la han tomado contigo.

DILA. —Eso sí que no me lo explico. Tú que no eres capaz de matar una mosca.

EMANU. —Sí que soy capaz. A veces lo hago.

DILA. —*(Asombrada).*
 ¿Que eres capaz?

EMANU. —*(Avergonzado).*
 Bueno, de vez en cuando.

DILA. —¿Y siempre matas moscas?

EMANU. —No, a veces he matado también otras cosas.

DILA. —¿Personas?

Emanu. —Sí, pero de esto muy poco. Sólo cuando veo que la persona está bien fastidiada: entonces para que no sufra más voy y la mato.

Dila. —*(Entusiasmada).*
¡Vaya tío! Y lo callado que lo tenías. ¡Qué habilidoso! Lo mismo matas una persona que una mosca.

Emanu. —No es que sea habilidoso, es sólo que tengo esta costumbre.

Dila. —¿Y qué haces con los cadáveres?

Emanu. —Los entierro.

Dila. —¿Tú solo?

Emanu. —Sí, yo solo. Mi padre me enseñó cuando era pequeño que más vale hacer las cosas solo que mal acompañado.

Dila. —Eres extraordinario.

Emanu. —Luego lo que hago es ir cuando salen los fuego fatuos, que son tan bonitos, que bailan para los gusanos de luz enamorados de lagartijas locas.

Dila. —¿Por la noche?

Emanu. —Sí, por la noche. Además, el día de los difuntos les llevo unos geranios y les toco la trompeta.

Dila. —¡Qué bueno eres para con los muertos!

Emanu. —*(Modesto)*.
 ¡Bah! No tiene importancia.

Dila. —*(De pronto)*.
 Pues a lo mejor es por eso por lo que te buscan los guardias.

Emanu. —No. Por lo que me buscan es por lo de tocar la trompeta. Y sabes que eso de tocar para los pobres les pone furiosos.

Topé. —Yo creo que nos debemos ir a esconder cuanto antes.

Dila. —Tienes razón, Topé.

 (Se levantan).

Emanu y Topé. —Hasta luego, Dila.

Dila. —Hasta luego.

 (Foder, Topé y Emanu *salen por la izquierda.*
 Un tiempo.
 Dila *va hacia el «coche 1», introduce la cabeza entre las cortinas)*.

Dila. —Bésame, señor.
 (Beso).
  Gracias.

 (Milos, *más colérico que nunca, sale del «coche A». Se dirige hacia* Dila, *la agarra de los pelos y la tira al suelo)*.

MILOS. —(*Violentamente*).
   ¿Qué hacías, puta?
(Silencio).
   ¿Creías que no te veía? ¿No es eso?
(Silencio).
   Guarra, más que guarra. Sólo sueñas con hacer cochinadas con el primero que se presenta. Ponte de pie inmediatamente.
(DILA *se incorpora*).
   La mano.
(DILA *extiende la mano*. MILOS *la golpea con una cadena. Se oyen risas: provienen de los coches*)
   Otra vez.
(DILA *extiende la mano*. MILOS *la golpea. Se oyen risas*).
   Y sabes lo celoso que soy. Pídeme perdón.

DILA. —Perdón.

MILOS. —De rodillas y mejor dicho.

DILA. —*(De rodillas)*.
   ¡Perdón!

(Se oyen risas desde los coches).

MILOS. —Que no vuelva a suceder. Vámonos.

(MILOS *coge amorosamente a* DILA *por los hombros. Juntos entran en el «coche A». En el «coche 2» hay una cierta agitación: ruidos varios*).

VOZ DE TIOSIDO. —*(Que está dentro del «coche 2»)*.
   Ya es la hora, Lasca.

Voz de Lasca. —*(Que está dentro del «coche 2»).*
　　Déjame un minuto más.

Voz de Tiosido. —Ni un minuto, ni medio. ¿No me oyes?

Voz de Lasca. —Solo un sueñecito.

　(Tiosido sale del «coche 2» vestido con uniforme de guardia. Inmediatamente hace salir a Lasca, que también está vestida de guardia. Los dos llevan un silbato colgado del cuello. Lasca está medio dormida).

Tiosido. —*(Haciendo gimnasia. Brazos en cruz con flexión de piernas).*
　　Uno, dos, uno, dos, uno, dos, uno, dos...
　(De pronto se da cuenta de que Lasca no hace gimnasia. Violentamente).
　　Pero qué haces. Ya estás haciendo el movimiento.

　(Lasca, de mala gana, hace el mismo movimiento que Tiosido. Uno, dos, uno, dos, uno, dos. Entra en escena Topé, por la derecha. Observa a Lasca y a Tiosido).

Lasca. —Vamos a dejarlo ya, estoy muy cansada.

Tiosido. —*(Colérico)*
　　Eres tú muy señoritinga. ¡Segundo movimiento!
　(Flexión de tronco con los brazos estirados hasta tocar los pies).
　　Uno, dos, uno, dos, uno, dos...

(LASCA *no llega a tocar con la punta de los dedos los pies.* TIOSIDO, *de pronto, se da cuenta*).

¿Pero cómo? ¿No llegas a tocar los pies? Hazlo, que yo te vea.
(TIOSIDO *observa lo que hace* LASCA *mientras le marca los tiempos*).
Uno, dos, uno, dos, uno, dos.

(LASCA *no llega.* TIOSIDO, *colérico*).
¿Es que la señorita tiene riñones de plomo? Uno, dos, uno, dos, uno, dos. Más energía. Uno, dos, uno, dos, uno, dos.

(TOPÉ *se acerca a* TIOSIDO *y* LASCA).

TOPÉ. —(A TIOSIDO). ¿Es usted guardia, señor?

(MILOS *se asoma a la ventana del «coche A» y mira con monóculo las escenas. Parece muy satisfecho*).

TIOSIDO. —A su servicio.

TOPÉ. —¿Busca usted a Emanu?

(*Al nombre de* EMANU, TIOSIDO *y* LASCA *se sobresaltan*).

TIOSIDO. —Naturalmente.

TOPÉ. —Es cierto que darán una recompensa a quien les informe dónde se esconde?

TIOSIDO. —Sí.

Topé. —Yo les llevaré a su refugio Está con su amigo Foder.

Tiosido. —¿Pero distinguiremos a Emanu de su amigo Foder?

Topé. —Muy sencillo, cuando llegue besaré a uno de los dos: ése será Emanu.

Tiosido. —Muy bien. Venga con nosotros.

Lasca. —¿Preparados?

Tiosido. —Preparados.

(Tanto Lasca como Tiosido se ponen en la posición de sprinter).

Lasca. —A la una, a las dos, y a las...

(Lasca no llega a decir tres. Del «coche 1» ha aparecido un brazo con una pistola en la mano. Cuando Lasca debería decir tres la pistola lanza un pistoletazo al aire. Lasca y Tiosido salen a gran velocidad por la izquierda. Topé, por el momento, queda desconcertado, pero inmediatamente y también a gran velocidad se lanza tras ellos. Milos sigue mirando por el monóculo en dirección a los tres, ya lejos del escenario. Con toda calma deja el monóculo y observa con unos pequeños prismáticos de teatro, muy pequeños. Luego con unos prismáticos de campaña y, por fin, con un anteojo de marino que poco a poco va alargando. Para terminar hace múltiples esfuerzos para ver a los tres. Milos entra dentro del «coche A». Dentro del «coche 3» se enciende una vela, se ve el resplandor a través de las cortinas).

Voz de hombre. —(«*Coche 3*»).
Nos ha olvidado otra vez.

Voz de mujer. —No cabe duda. Con la hora que es ya.

Voz de hombre. —Pues yo estoy que no resisto más.

Voz de mujer. —A mí me pasa lo mismo.

Voz de hombre. —¿Le llamo?

Voz de mujer. —Déjalo, ya sabes cómo es de susceptible. Si se da cuenta de que se ha olvidado va a coger una rabieta.

Voz de hombre. —Pues es que yo, francamente, ya no puedo más. Llamo.

(*Bocinazo del «coche 3». Pausa. Del «coche A» sale* Milos *vestido impecablemente. Va al «coche 3»*).

Milos. —¿Qué desean los señores?

Voz de hombre. —Es que... ¿sabe usted la hora que es?

Milos. —(*Saca un gigantesco reloj despertador de su bolsillo y lo mira horrorizado*).
¿Pero cómo es posible? Discúlpenme los señores, ha sido un olvido lamentable. No pueden imaginarse cuánto lo siento. En seguida vuelvo.

(Milos *va al «coche A». Entra dentro. Se oyen murmullos: riñas en voz baja entre* Milos *y* Dila. *Al poco tiem-*

po sale DILA *con un orinal gigantesco. Va en combinación, acaba, sin duda, de salir de la cama y tiene mucho sueño.* DILA *se dirige al «coche 3». Introduce el orinal entre las cortinas).*

DILA. —Buenas noches, señores. Tengan.

(Al poco tiempo se oye el ruido adecuado. Sollozan los dos de satisfacción. MILOS *sale del «coche A» con un diminuto vaso de agua sobre una bandeja. Los señores del «coche 3» han terminado pasando el orinal entre las cortinas.* DILA *lo recoge).*

DILA. —Muchas gracias, señores.

(Inmediatamente después y al mismo tiempo.
a) DILA *lleva su orinal al «coche 2».*
b) MILOS *da el vaso de agua al señor del «coche 5»: «Buenas noches señor, su agua».)*

DILA. —Buenas noches, señor. Tenga.

VOZ DE HOMBRE. —*(«Coche 2»).*
 ¿Pero para qué quiero yo esto?

DILA. —Es su hora, señor.

VOZ DE HOMBRE. —Le digo que no quiero mear.

(Forcejean. DILA *intenta introducir el orinal. Tras dura resistencia,* DILA *vence. El señor del «coche 2» gruñe, pero se sirve del orinal, aunque contrariado. Se oye perfectamente caer cuatro gotas y un chorrito pequeño).*

Dila. —Gracias, señor.

Milos. —*(Furioso –acaba de recoger el vaso de agua del «coche 5»– a* Dila*).*
¿Pero otra vez te has equivocado? Te he dicho mil veces que no es a ése a quien se lo tienes que dar, sino a éste.
(Señala el «coche 4»).
¿Me oyes? ¿Cuántas veces te lo tengo que decir?

Dila. —Discúlpame, no lo había hecho aposta.

Milos. - *(Imitándola).*
No lo había hecho aposta. ¿Te crees que es una buena excusa?

*(*Dila *introduce el orinal en el «coche 4»).*

Dila. —Tenga, señor.

(Se sirve del orinal: ruido. Devuelve el orinal).

Voz de hombre. —*(«Coche 4»).*
Espere, espere, otra vez.

(Se sirve de nuevo: ruido. Le devuelve a Dila*).*

Voz de hombre. —*(«Coche 4»).*
Espere, espere, otra vez.

Voz de hombre. —*(«Coche 4»).*
Gracias.

DILA. —*(A* MILOS*).*
   ¿Me puedo ir a la cama, que tengo mucho sueño?

MILOS. —Sí, vamos. Yo también tengo sueño. Pero antes tira eso.

(DILA *va entre bastidores. Se oye cómo tira el contenido del orinal. Vuelve con el orinal en la mano, siempre como entre sueños.* MILOS *coge a* DILA *amorosamente por el hombro. Juntos entran al «coche A». Silencio. Por la derecha entra* EMANU *y* FODER. *Cruzan la escena de derecha a izquierda. Miran por todas partes. Buscan a* TOPÉ).

EMANU. —To-pé! ¡To-pé!
   (Más tarde).
      ¿Dónde te has metido?
   (Más tarde).
      To-pé, To-pé.

(FODER *levanta las cortinas del «coche 3». Se oye el grito horrorizado de una mujer. [La han sorprendido desnuda]. Gestos de* FODER *de divertirse. Continúan hacia la izquierda. Salen por la izquierda. Se siguen oyendo a lo lejos los gritos de* EMANU: *«To-pé, To-pé». Larga pausa. Por la derecha entran* LASCA *y* TIOSIDO. *Llevan una bicicleta: la llevan del manillar. Cruzan el escenario a gran velocidad de derecha a izquierda. Cuando van a salir por la izquierda se paran. Esperan un momento mirando hacia la derecha, Aparece* TOPÉ *cansadísimo. Se ve que intenta, sin lograrlo, seguir a* LASCA *y* TIOSIDO *de cerca).*

LASCA. —*(A* TOPÉ*).*
   ¿Pero cuándo vamos a encontrar a ese Emanu de marras?

(MILOS *con satisfacción -a través de la ventanilla del «coche A»- contempla la escena con un monóculo*).

TOPÉ. —Yo creía que estaba allí.
(*Señala un lugar detrás de los coches*).
Vamos a ver si dando otra vuelta logramos encontrarle.

TIOSIDO y LASCA. —¿Otra vuelta?

TOPÉ. —Sí, otra.

TIOSIDO. —Pues estamos buenos.

LASCA. —Si sólo es una...

TIOSIDO. —Cumplamos con nuestra obligación.

(*Inmediatamente después salen por la izquierda*. TOPÉ, *cansado, les sigue de lejos*. MILOS *se acerca al «coche 2». Cuchichea con el hombre que está dentro del coche. Ríen descaradamente*. MILOS *va al «coche A», saca unos prismáticos. Comprueba enfocándolos hacia el público que funcionan bien. Vuelve al «coche 2». Cuchicheos, risas. Le da al hombre del «coche 2» los prismáticos a través de la cortina*).

VOZ DE HOMBRE. —(*«Coche 4»*).
Quiero otros prismáticos para mí.

(MILOS *va al «coche 4». Cuchicheos con el hombre del interior. Risas*. MILOS *va al «coche A». Saca otros prismáticos. Comprueba su funcionamiento enfocándolos hacia el público. Va al «coche 4». Cuchicheos. Risas. Entrega los prismáticos al hombre que está dentro del coche. De pronto* Milos *mira lleno de satisfacción hacia la derecha).*

Milos. —*(Al hombre del «coche 4», después al hombre del «coche 2»).*
Ya vienen.
(Risitas. Milos *se esconde detrás del «coche A». Sólo se ve su cabeza. De entre las cortinas de los «coches 2 y 4» aparecen sendos prismáticos. Risas. Entran en escena momentos después* Emanu *y* Foder. *Cruzan la escena de derecha a izquierda. Los prismáticos siguen el movimiento).*

Emanu. —To-pé, To-pé, To-pé.

(Salen por la izquierda. A lo lejos se oye aún la voz de Emanu: *«To-pé». Silencio. En cuanto salen de escena se oyen de nuevo risas. Provienen de los «coches 2 y 4».* Milos *ríe escandalosamente.* Milos *mira hacia la derecha. Gran satisfacción. Va a los «coches 2 y 4»).*

Milos. —Y ahora los otros.

*(*Milos *se esconde tras el «coche A». Los prismáticos -entre las cortinas- están enfocados hacia la derecha. Entran* Lasca *y* Tiosido *a gran velocidad llevando una bicicleta del manillar. Cruzan el escenario de derecha a izquierda. Momentos después de que* Lasca *y* Tiosido *han desaparecido por la izquierda, entra por la derecha* Topé, *hecho polvo. Se ve que intenta alcanzar a* Lasca *y* Tiosido. *Cruza el escenario de derecha a izquierda y sale por la izquierda. Los prismáticos de los «coches 2 y 4» han seguido las ca-*

rreras de Lasca, Tiosido y Topé. *Risas.* Milos
ríe escandalosamente).

Milos. —*(Se acerca al «coche 2» y dice al hombre que está
dentro).*
Son como niños.
Voz de hombre. —*(«Coche 2»).*
Igual, igualito.
(Risas).

Milos. —*(Hablando fuerte, dirigiéndose a todos).*
Pero les habéis visto bien.
(Risas).
Era cómico verlos.

*(*Milos *ríe. Ríen también todos los que están dentro de los coches. Durante medio minuto no se oye otra cosa que las risas de todos. De pronto* Dila *se asoma a la ventanilla del «coche A». Está irritadísima).*

Dila. —Ya estáis de nuevo riéndoos como tontos.
(Silencio sepulcral. Milos *intenta esconderse).*

Dila. —¿Qué es lo que os hacía tanto reír, imbéciles?
(Leves cuchicheos).
¿Os ha comido la lengua el gato?

Milos. —Déjales, Dila, no les riñas. Los pobres están durmiendo y no te oirán.

(Desde que Milos *ha comenzado a hablar, el hombre que está dentro del «coche 2» ha sacado los prismáticos a través de las cortinas; los dirige descaradamente hacia* Dila*).*

Dila. —¿Durmiendo? ¿Te crees que me chupo el dedo? Así es que hace un minuto reían como bobos y ahora, de pronto ya están dormidos. ¿Crees que yo soy tonta?

Milos. —No se reían. Estaban soñando. Ya sabes que los pobres tienen tantas pesadillas que se pasan las noches en un grito.

Dila. —Pero si lo que hacían era reír.

Milos. —Muchas veces no se puede saber. Cuántas veces pienso que se quejan y resulta que ríen. Y cuántas veces también ha ocurrido lo contrario. Los pobres sufren tanto.

(Dila, *de pronto, se da cuenta de que hay un prismático en el «coche 2» que la observa*).

Dila. —*(Indignada, al hombre del «coche 2»).*
¿Cómo te atreves a mirarme con los prismáticos?
(*Los prismáticos desaparecen. Al mismo tiempo aparecen otros prismáticos entre las cortinas del «coche 4» que observan descaradamente a* Dila).

Milos. —Pero qué prismáticos?

Dila. —¿Me vas a decir que no los has visto?

Milos. —Pero si el pobre no hace otra cosa que dormir.

Dila. —*(De pronto se da cuenta de que entre las cortinas del «coche 4» hay otros prismáticos que la observan).*

¿Ahora tú? ¿Ahora sacas tú tus prismáticos?

(Los prismáticos desaparecen).

Milos. —Déjales, Dila. Si les sigues riñendo así se van a poner nerviosos. Ya sabes lo sensibles que son.

Dila. —¿Te atreves a defenderlos? Tú, precisamente tú, el más culpable.

Milos. —Dila, cálmate, vamos a la cama.

Dila. —Mañana ya te arreglaré las cuentas a ti.

Milos. —No, eso no, no me castigues.

Dila. —Pues claro que te castigaré. Te lo mereces.

Milos. —¡Cómo te portas conmigo!

Dila. —Demasiado buena soy contigo.

(Milos y Dila entran en el «coche A». Durante esta última escena, tímidamente, han aparecido y desaparecido -alternativamente- los prismáticos entre las cortinas de los «coches 2 y 4». Aparecen de nuevo los prismáticos cuando Dila va a cerrar la puerta del «coche A». Silencio. Desaparecen los prismáticos).

Voz de mujer. —*(«Coche 3»).*
Qué cruel es con nosotros.

Voz de hombre. —*(«Coche 3»).*
Va a llegar un día en que no nos va a dejar ni respirar.

Voz de mujer. —(*«Coche 3»*).
 ¿Qué le hemos hecho para que nos trate así?

Voz de hombre. —(*«Coche 3»*).
 Con lo buenos que hemos sido siempre con ella.

Voz de mujer. —(*«Coche 3»*).
 Cuando se entere de lo que hemos hecho, entonces sí que va a ser ella.

Voz de hombre. —(*«Coche 3»*).
 Va a ser terrible.

Voz de mujer. —(*«Coche 3»*).
 La ha tomado con nosotros.

Voz de hombre. —(*«Coche 3»*).
 Nos tiene tirria; se ve a la legua.

(Silencio. Entran en escena por la derecha Emanu *y* Foder. *Van hacia la izquierda.* Emanu *grita: «To-pé, To-pé».* Foder *a mitad del escenario hace gestos a* Emanu: *le pide sentarse sobre las hamacas, está cansado.* Emanu *y* Foder *se recuestan sobre las hamacas. Se quedan dormidos. Quejidos. Agitación en el interior del «coche 3»).*

Voz de hombre. —(*«Coche 1»*).
 No toman nunca precauciones.

(Silencio).

Voz de hombre. —(*«Coche 2»*).
 Esas cosas se pueden evitar.
(Silencio).

Voz de mujer. —(«*Coche 3*»).
Es muy fácil decir que se puede evitar.

(Silencio).

Voz de hombre. —(«*Coche 3*»).
Se dice fácilmente, ya...

(Silencio).
Voz de hombre. —(«*Coche 4*»).
Les falta experiencia.

(Silencio).

Voz de hombre. —(«*Coche 5*»).
Son como niños.

*(Cada uno de los hombres que están en los «coches 1, 3, 4, 5» da un razonamiento sobre el caso. Todos hablan al mismo tiempo: es imposible entenderles.
Galimatías. De vez en cuando se distinguen algunas frases: «Yo creo que..»., «Es un caso semejante..»., «Quizás se trate de..»., «Más vale eso que..»., «Por eso, si los medios..»., «Yo digo que..».. De pronto:)*

Voz de hombre. —(«*Coche 3*»).
Silencio. Callaros.

(Silencio. Entre las cortinas de los «coches 2 y 4» aparecen sendos prismáticos dirigidos hacia el «coche 3». Bocinazo del «coche 3». Del «coche A» sale Dila *con un caldero de agua caliente y unas toallas. De muy mal humor* Dila *pasa el caldero y las toallas entre las cortinas del «coche 3». Ruidos*

diversos «coche 3». Por fin, se oye el llanto de un niño recién nacido. Cuchicheos en los demás coches. Risitas).

Voz de hombre. —*(«Coche 3», entusiasmado).*
¿Qué es?

Dila. —*(Enfadada).*
Un niño.

Voz de hombre. —*(«Coche 3»). (Alegre).*
¡Un niño! ¡Era lo que yo quería! Con lo difícil que es colocar a las niñas. ¡Un niño!

(Loco de alegría Cuchicheos dentro de los coches).

Dila. —¡Pero que sea la última vez!

Voz de hombre. —*(«Coche 3»).*
No lo hicimos aposta. Tuvimos cuidado.

Dila. —¡Tuvimos cuidado!... y en cuanto os pierdo de vista ya estáis el uno encima del otro. Que sea la última vez.

Voz de hombre. —*(«Coche 3»).*
Sí, se lo prometo.

*(*Dila *vuelve al «coche A». Desaparece. Cuchicheos, risitas. De vez en cuando se oye el llanto escandaloso del recién nacido.* Emanu *se despierta. Despierta a su vez a* Foder*).*

Emanu. —Y ese Topé aún sin aparecer. ¿Dónde se habrá metido? *(Mímica de* Foder *expresando sus dudas).* Me empieza a preocupar.

(FODER *indica a* EMANU *que sería necesario tocar sus instrumentos*).

EMANU. —Es cierto: así se dará cuenta de que estamos aquí.

(EMANU *toca la trompeta.* FODER *el saxofón. A los pocos momentos* LASCA *y* TIOSIDO *cruzan la escena de derecha a izquierda a toda velocidad. Llevan una bicicleta por el manillar. Salen por la izquierda.* EMANU *y* FODER *continúan tocando,* LASCA *se vuelve hacia la derecha y mira a lo lejos, con gran dificultad; se coloca las manos de visera para proteger los ojos*).

LASCA. —(A TIOSIDO).
 Ya no puede más.

TIOSIDO. —No importa. Hay que seguir.

(*Atraviesan la escena y salen por la izquierda.* FODER *y* EMANU *siguen tocando. Poco después* LASCA *y* TIOSIDO *vuelven y dicen -con gestos- a* FODER *y* EMANU: Tocad más flojo, no nos destrocéis los oídos con vuestro jaleo. FODER *y* EMANU *tocan más flojo.* LASCA *y* TIOSIDO *salen por la izquierda a toda velocidad.* EMANU *y* FODER *continúan tocando Por fin dejan de tocar*).

VOZ DE HOMBRE. —(«*Coche 2*»).
 Pues menos mal que se han callado ya.

VOZ DE HOMBRE. —(«*Coche 4*»).
 Pues vaya con la musiquita de marras.

(EMANU y FODER *comprueban desolados que* TOPÉ *no viene*).

EMANU. —Nada, que no viene. Está visto que se ha perdido.

(FODER *indica por señas a* EMANU *que sería conveniente consultar a* DILA).

EMANU. —Estará durmiendo.

(FODER *insiste*).

Bueno, voy a avisarla.
(EMANU *llama a la puerta del «coche A». Aparece* MILOS *en la ventanilla*).

MILOS. —Desean los señores un coche para pasar la noche?

EMANU. —No. Lo que quiero es hablar con Dila.

MILOS. —Los señores quieren una muchacha. ¿Prefieren Dila o una morena?

EMANU. —Le digo que sólo quiero hablar con Dila.

MILOS. —*(Siempre respetuosamente)*.
Son los señores quienes mandan. Llamo inmediatamente a Dila.

(MILOS *se mete en el interior del «coche A»*).

VOZ DE MILOS. —Pero mujer, no te vistas. Debes ir desnuda.

(Tras breve pausa).

Eso es; siempre igual de cabezota.

(DILA *sale del «coche»*).

EMANU. —Dila.

DILA. —Qué queréis?

EMANU. —Buscamos a Topé. ¿Sabes dónde está?

DILA. —No lo he visto. Pero ¿no estaba con vosotros?

EMANU. —Desapareció.

DILA. —Pues yo tampoco lo he visto.

EMANU. —Estamos buenos: los guardias buscándonos y Topé no está con nosotros.

DILA. —¡Qué lata!

EMANU. —Dila, ¿qué crees que me harán los guardias?

DILA. —Seguramente te matarán. Ya sabes que no se andan con chiquitas.
EMANU. —Si estuviera Topé me encontraría menos solo.

DILA. —Con él sería diferente.

EMANU. —Voy a tener mucho miedo.

DILA. —La culpa es tuya; bien sabías que si tocabas la trompeta para que los pobres bailaran un buen día te la cargarías.

(Pausa).

Eres el sonámbulo que ignora el sueño y el camino.

EMANU. —Pero yo no lo hice con mala intención.

DILA. —Te has puesto demasiado pesado. Esto, un día o dos, pero no para siempre.

EMANU. —Sí, ya sé que soy un mal ejemplo.
DILA. —Imagínate que todo el mundo hiciera lo mismo.

EMANU. —Tienes razón; me siento muy triste, como si me rodearan saltamontes de hierro, azucenas de lija, soles negros y una muralla larga y fea como una serpiente boa.

DILA. —Y lo de los jerseys y lo de las margaritas... Esas cosas se terminan por saber.

EMANU. —Pero ya sabes que lo hago para ser bueno.

(De carretilla).

Porque siendo bueno se siente una gran alegría...

(Duda).

que... se deriva.., que proviene.., de la tranqui...
de la formalidad.., que...

(Tono normal).

Se me ha olvidado, Dila.

DILA. —*(Desagradablemente sorprendida).*
¿Que se te ha olvidado?

EMANU. —Sí, Dila, se me ha olvidado. No tengo la culpa.

(De pronto, al fondo y a la derecha, la multitud grita).

VOCES:
—Mú-si-ca, mú-si-ca.
—¿Qué hacen esos músicos?
—Estamos hartos de que nos tomen el pelo.
—Mú-si-ca.

EMANU. —¡Los oyes?
(Pausa).
¡Cómo están de furiosos!

DILA. —Claro, la culpa es tuya; les prometes ir y no vas.

EMANU. —Pero no puedo. Si voy, los guardias me cogen.

DILA. —Si quieres, yo misma les digo que se callen.

EMANU. —Sí, Dila, ve tú.

*(*DILA *sale por la derecha. Dos cosas ocurren al mismo tiempo:*

a) Al fondo, a la derecha, silban a DILA).

VOZ DE DILA. —Callaos un momento.

(Silencio).

>Los músicos no pueden venir. Los guardias les persiguen.

(Silbidos. Bronca).

>Callaos.

(Silencio. DILA, *violentamente).*

>Largaos de aquí antes de que pierda la paciencia.

(Murmullos).

>Largaos de una vez ¿me habéis oído? Y sin protestar.

(Silencio).

b) TIOSIDO *y* LASCA *entran en escena por la derecha, van muy de prisa y sujetan la bicicleta por el manillar. Se paran en el centro del escenario. Miran al fondo, a la derecha).*

LASCA. —Ya no puede dar un paso más. Está de rodillas.

TIOSIDO. —*(Contento).*
>Le llevamos ya una vuelta.

(LASCA y TIOSIDO *salen por la izquierda siempre a toda velocidad.* DILA *entra en escena por la derecha).*

DILA. —Parece que se han calmado.

EMANU. —Es que tú sabes decirles las cosas.

DILA. —Tú lo que tienes que hacer es no faltar más.

EMANU. —Te lo prometo, Dila.

DILA. —De tus promesas no me fío ni un pelo.

EMANU. —Todos la habéis tomado conmigo.

DILA. —Eres como las mañanitas de flores y cantas como el mes de abril. Pero haces las cosas sin reflexionar. ¿Crees que alguien con una pizca de experiencia se hubiera comportado como tú?

EMANU. —Es que yo soy así. Pero si quieres construyo una espiral en el fondo del abismo y allí me quedo acompañado de arañas y de siemprevivas.

DILA—Eres tan débil.

EMANU. —Todos me reñís.

DILA. —¿Y qué otra cosa mereces? Además, por si fuera poco, te has olvidado de eso de para qué sirve ser bueno.

EMANU. —Ya verás cómo me acuerdo.

Dila. —Todo se te olvida. Antes transformabas una motocicleta en mariposa y del depósito de gasolina surgían cocodrilos, ahora sólo sabes tocar la trompeta.

(*Entra por la derecha* Topé. *Está agotado, se recuesta sobre una de las hamacas*).

Emanu. —¿Pero Topé, dónde te habías metido?

Topé. —¿Y vosotros?

Emanu. —¿Nos buscabas?

Topé. —Sí.

Emanu. —Y nosotros a ti.

Dila. —Entonces habrá sido por eso por lo que no os habéis visto.

Emanu. —Qué cansado estás.

Topé. —Como que estoy corriendo desde que os dejé. ¡Menudas carreras!

Emanu. —Pobre Topé.

Dila. —Este sí que sabe cómo ir por la vida. Deberías aprender de él.

Emanu. —Te escucho a ti que eres mi campo libre, mi gaviota y mi lugar ausente. Tengo almendras. ¿Queréis comer conmigo?

(FODER, TOPÉ y DILA *asienten.* EMANU *saca un paquete de almendras: todos pican*).

DILA. —Están muy buenas.

EMANU. —¿Sabéis a quién se las he quitado?

DILA. —Al tendero de la plaza, como si lo viera.

EMANU. —Qué lista eres.

DILA. —Como que te conozco de sobra: con eso de que es un cerdo riquísimo le quitas todas las noches un paquete de almendras.

EMANU. —Pero lo hago sin mala intención.

DILA. —Todo lo haces sin mala intención.

(*Todos comen con deleite*).

DILA. —Si te cogen los guardias, luego, cada vez que comamos almendras nos acordaremos de ti.

TOPÉ. —Te las ofreceremos en el pensamiento.

(FODER *asiente con la cabeza. El niño del «coche 3» llora*).

VOZ DE MUJER. —(«Coche 3»).

¿Quién le va a dar la tetita al angelito? (*La madre ha debido darle el pecho: cesan los llantos. Durante ese silencio los tres amigos comen vorazmen-*

te. *De vez en cuando dicen algo como: «Están saladitas... », «deliciosas», etc..)..*

DILA. —Me comería un kilo.

(*Por la derecha entran* LASCA *y* TIOSIDO *-vestidos de guardia- y con una bicicleta. Van de derecha a izquierda. De pronto ven a* TOPÉ. *Se detienen.* TOPÉ *besa ostensiblemente a* EMANU *sobre la mejilla. Inmediatamente* LASCA *y* TIOSIDO *se dirigen a* EMANU).

LASCA. —(A EMANU).
¿Eres tú Emanu?

EMANU. —SÍ, soy yo.

LASCA. —(*Violenta*).
Quedas detenido.

(DILA, *atemorizada, sale huyendo y se refugia a la derecha.* LASCA *intenta poner las esposas a* EMANU. TIOSIDO *observa*).

TOPÉ. —(*Trata de interrumpirla mientras le ponen las esposas a* EMANU). Mi dinero, denme dinero.

(*Más tarde*).

Habían prometido que me pagarían.

(*Pausa*).

He sido yo quien le ha denunciado: tienen que darme el dinero.

(Pausa).

Me lo prometieron.

(Por fin Lasca *logra poner las esposas a* Emanu *tras grandes dificultades. Ni* Lasca *ni* Tiosido *hacen el menor caso a* Topé: *no le miran).*

Lasca. —¿Llevas tú el cheque?

Tiosido. —No, yo no, ¿qué quieres que haga con él?

Lasca. —Pero tú te quedaste con el cheque ¿no?

Tiosido. —No, mujer, mira bien entre tus cosas.

*(*Topé *sigue reclamando cada vez más su dinero.*

Lasca *y* Tiosido *siguen sin mirarle.* Lasca *registra sus bolsillos: aparecen una serie de objetos dispares: papeles, lapiceros, flores, matasuegras, pañuelos, una caja de sorpresa, etc.* Tiosido *en su afán de buscar, abre la caja de sorpresa: un monigote le da en la nariz.* Topé *reclama su dinero constantemente).*

Tiosido. —Pero mira bien.

Lasca. — *(Recuerda).*
¡Ah!

*(*Lasca *se quita la gorra de guardia. Mira en el interior de ella. Saca un papel).*

LASCA. —(A TOPÉ).
    Toma un cheque.

(No le mira. TOPÉ, muy contento, dice varias veces «lupi» y sale corriendo por la izquierda).

TIOSIDO. —Tienes una cabecita!

LASCA. —Es cierto, se me olvida todo.

(De pronto LASCA y TIOSIDO se dan cuenta de la presencia de FODER. TIOSIDO coge violentamente a FODER por las solapas).

TIOSIDO. —(A LASCA).
    Este también iba con él. ¿No es cierto?

LASCA. —Yo creo haberle visto con él.

TIOSIDO. —¿No era éste el que tocaba el saxofón?

LASCA. —Creo que sí.

TIOSIDO. —(A FODER, violentamente).
    ¿Tú eres amigo de Emanu? ¿No es eso?

(FODER niega con la cabeza. Hace gestos exagerados de inocencia).

LASCA. —(A FODER).
    ¿Que no eras tú su amigo?

(Grandes gestos de inocencia de FODER).

TIOSIDO. —*(A* FODER*).*
    Pues yo juraría haberte visto con él. ¿Estás seguro de que no eras su amigo?

*(*FODER *niega insistentemente con la cabeza).*

LASCA. —Cuando él lo dice.

*(*TIOSIDO *suelta a* FODER. FODER, *atemorizado, sale huyendo por la izquierda. De pronto las bocinas de los cinco coches suenan por tres veces; como el cacareo de un gallo).*

LASCA. —*(A* TIOSIDO, *señalando a* EMANU*).*
    Le llevaremos a la farola.

(Señala la derecha).

TIOSIDO. —Sí, es el mejor sitio.

LASCA. —¿Tienes los látigos?

TIOSIDO. —Claro.

LASCA. —*(Bruscamente, a* EMANU*).*
    No te muevas.

*(*TIOSIDO, *en silencio y ceremoniosamente, golpea a la puerta del «coche A». Aparece* MILOS *por la ventana, mira a* TIOSIDO *y desaparece tras las cortinas de saco. De nuevo aparece* MILOS *a la puerta con una palangana y un jarro en la mano.* TIOSIDO *se lava las manos despacio y ceremoniosamente.* MILOS *se mete de nuevo en el «coche A».* TIOSIDO, *con las manos húmedas, golpea a la puerta del*

«*coche 2*». *Aparece una toalla entre los pliegues de la cortina.* Tiosido *se seca las manos. Devuelve la toalla. Mientras* Tiosido *se ha lavado las manos*

Lasca *ha tomado las medidas de* Emanu *[brazos en cruz], con minuciosidad).*

Lasca. —*(A* Tiosido*).*
    ¿Ya estás listo?

Tiosido. —Espera.
    (Hace varios ejercicios gimnásticos).
    Ya estoy preparado.

Lasca. —Entonces vamos.

(Lasca *empuja a* Emanu. *Los tres salen por la derecha llevando la bicicleta por el manillar. Risas dentro de los coches. A los pocos instantes se oye la voz de* Lasca *«Comienzo». Se oyen los latigazos que se dan sobre* Emanu *y sus quejidos. Llanto de niño «coche 3»).*

Voz de mujer. —*(« Coche 3»).*
    ¿Qué le pasa a mi niño? No llores.

(El niño llora cada vez más).

Voz de mujer. —*(«Coche 3»).*
    Hazle una gracia.

Voz de hombre. —*(«Coche 3»).*
    Pero mujer, yo no sé.

Voz de mujer. —(«*Coche 3*»).
　　　　Mira cómo llora el pobre. Hazle una gracia.

Voz de hombre. —(«*Coche 3*»). *(Mugiendo).*
　　　　Gi-han.

(El niño llora aún más: no se pueden oír los quejidos de Emanu. Milos *sale del «coche A» con un biberón sobre una bandeja. Introduce el biberón entre las cortinas del «coche 3»).*

Milos. —Tengan los señores.

(El niño se calla. En el silencio se oyen los latigazos y los quejidos de Emanu. *De pronto* Emanu *lanza un grito agudo de dolor. El niño se pone a llorar de nuevo. Los padres le dicen cosas para calmarle. Bocinazo en el «coche 2».* Milos *mete la cabeza entre las cortinas del «coche 2»).*

Voz de hombre. —(«*Coche 2*»).
　　　　Tráeme ese niño. Quiero verle.

*(*Milos *lleva al niño al «coche 2». El niño llora).*

Voz de hombre. —(«*Coche 2*»).
　　　　Niño, cállate.

(El niño deja de llorar).
　　　　Parece un gorila. Niño, ya puedes llorar.

(El niño llora a grito pelado).

　　　　No tan fuerte.

(El niño llora menos fuerte).

  Cállate, niño.

(El niño se calla).

  Parece un niño muy obediente.

Milos. —*(Confidencial).*
  Es como su padre. Es el retrato de su padre.

Voz de hombre. —«*Coche 2*»).
  ¿También parece un gorila?

Milos. —Quiero decir en lo de obediente.

Voz de hombre. —(«*Coche 2*»).
  Ya puedes llorar, niño.
(El niño llora).

  Más fuerte, niño.

(El niño llora a grito pelado).

  ¡Pero qué muy obediente! Puedes llevárselo a su madre.

Milos. —Muchas gracias, señor. ¿Desea algo más el señor?
(Milos *devuelve el niño al «coche 3»).*

Voz de mujer. —(«*Coche 3*» a Milos).
  Paséele a ver si logra dormirse.

Milos. —¿Quiere que le cante alguna canción de cuna?

Voz de mujer. —No, nada de canciones de cuna. Nuestro niño es ya muy militarote. Cántele una marcha militar.

Milos. —¿Con tambores o con trompetas?

Voz de mujer. —Con tambores.

Milos. —Como quiera la señora.

> (Milos *se pone a pasear al niño. Le mueve como una nodriza. A pesar de sus promesas le canta una canción de cuna. Mientras tanto*).

Voz de mujer. —(«*Coche 3*»).
　　¿Has oído lo que ha dicho?

Voz de hombre. —(«*Coche 3*»).
　　Sí, es encantador.

Voz de mujer. —¿Pero has oído bien lo que ha dicho del niño?

Voz de hombre. —Lo del gorila.

Voz de mujer. —Sí.

Voz de hombre. —Te repito que es encantador.

Voz de mujer. —Yo también pienso lo mismo. Es encantador. Comparar a nuestro hijo con un gorila.

Voz de hombre. —Es un padrazo. Desde que ha sabido que hemos tenido un niño no tiene ojos nada más que para él.

Voz de mujer. —Es encantador.

(Latigazos. Quejidos de Emanu. *El niño -en brazos de* Milos- *llora escandalosamente. Bocinazos en el «coche 4».* Milos *se acerca al «coche 4» con el niño llorando en brazos. Se asoma a la ventanilla del «coche 4»).*

Voz de hombre. —*(«Coche 4»).*
    Démelo.

*(*Milos *le pasa el niño. Se oye cómo el hombre pega al niño, que acaba por callarse. El hombre del «coche 4» devuelve el niño a* Milos. *El niño vuelve a llorar).*

Voz de hombre. —*(«Coche 4»).*
    Démelo otra vez.
    (Se repite lo anterior. El niño se calla inmediatamente. Bocinazo en el «coche 3». Milos *se acerca al «coche 3»).*

Voz de mujer. —*(«Coche 3»).*
    Traiga al niño.

Milos. —*(Les da el niño).*
    Ténganle.

Voz de mujer. —*(«Coche 3»).*
    ¿Ha sido formalito?

Milos. —Muy formalito.

Voz de mujer. —¿Se ha hecho pipí?

Milos.—Ah, no. No lo hubiera tolerado.

Voz de mujer.—Es un angelito.

Milos. —Quieren algo más los señores?

Voz de mujer. —No, nada más.

Milos. —Que pasen muy buena noche los señores.

>(Milos *vuelve al «coche A». Desaparece dentro de él. Latigazos. Quejidos de* Emanu. *Por fin, silencio).*

Voz de mujer. —*(«Coche 3»).*
   Mira qué quietecito se ha quedado.

Voz de hombre. —*(«Coche 3»).*
   Como un angelito. Como un angelito.
(Por la derecha entran Lasca *y* Tiosido. *Llevan la bicicleta del guía; sobre la bicicleta atado va* Emanu *cubierto de sudor y de sangre; la nuca sobre el centro del manillar, los pies atados sobre el portapaquetes y cada uno de los brazos sobre cada uno de los lados del guía. Cruzan el escenario de derecha a izquierda. Sin duda, les cuesta mucho esfuerzo. Empujan. A la mitad del escenario se paran y ocurren dos sucesos:*

>1. Dila *entra por la derecha. Se acerca a* Emanu *y con un gran pañuelo blanco desplegado le seca la cara.* Emanu, *haciendo un esfuerzo supremo, dice:)*

EMANU. —*(De carrerilla y en un murmullo).*
«Porque cuando se es bueno se siente una gran alegría interior que proviene de la tranquilidad en que se halla el espíritu al sentirse semejante a la imagen ideal del hombre».

(DILA *le besa apasionadamente y se va por la derecha.*

2. TIOSIDO *llama a la puerta del «coche A». En seguida sale* MILOS).

TIOSIDO. —Ayúdanos.

MILOS. —No puedo, tengo mucho trabajo.

TIOSIDO. —Te digo que nos ayudes.

MILOS. —*(De mala gana).*
Bueno, vamos.

(MILOS, TIOSIDO y LASCA *se ponen en marcha.* TIOSIDO *y* LASCA *llevan la bicicleta del manillar.* MILOS *empuja por detrás. Aun siendo tres les cuesta mucho esfuerzo. Cruzan la escena de derecha a izquierda. Los prismáticos de los «coches 2 y 4» siguen su salida. Cuando la bicicleta ha desaparecido, se oyen risas en los coches. Un tiempo. Comienza el día. Del fondo provienen los toques desgarradores de un clarinete y un saxofón que se oirán hasta el final del acto.* DILA *sale del «coche A» con una campanilla en la mano).*

DILA. —*(Dirigiéndose a todos los coches al mismo tiempo que hace sonar la campanilla fuertemente).*

Levantaos, gandules, que ya es hora. No os hagáis los dormidos. De sobra sé que ya estáis despiertos.

(Dila *mete la campañilla dentro de los coches uno a uno*). Que os levantéis. Que ya es la hora.

(*Entran* Lasca *y* Tiosido *por la izquierda.* Lasca *va vestida de atleta -número 456-, parece muy cansada.* Tiosido, *infatigable, a su lado, le marca el paso. Va vestido normalmente.* Lasca *va a paso gimnástico. Cruzan la escena de derecha a izquierda*).

Tiosido. —Uno, dos, uno, dos, uno, dos, uno, dos, uno, dos...

TELÓN

Thank you for acquiring

3 OBRAS RENOVADORAS DEL TEATRO ESPAÑOL DE POSGUERRA
HISTORIA DE UNA ESCALERA • ESCUADRA HACIA LA MUERTE • EL
CEMENTERIO DE AUTOMÓVILES

from the

Stockcero collection of Spanish and Latin American significant books of the past and present.

This book is one of a large and ever-expanding list of titles Stockcero regards as classics of Spanish and Latin American literature, history, economics, and cultural studies. A series of important books are being brought back into print with modern readers and students in mind, and thus including updated footnotes, prefaces, and bibliographies.

We invite you to look for more complete information on our website, **www.stockcero.com**, where you can view a list of titles currently available, as well as those in preparation. On this website, you may register to receive desk copies, view additional information about the books, and suggest titles you would like to see brought back into print. We are most eager to receive these suggestions, and if possible, to discuss them with you. Any comments you wish to make about Stockcero books would be most helpful.

The Stockcero website will also provide access to an increasing number of links to critical articles, libraries, databanks, bibliographies and other materials relating to the texts we are publishing.

By registering on our website, you will allow us to inform you of services and connections that will enhance your reading and teaching of an expanding list of important books.

You may additionally help us improve the way we serve your needs by registering your purchase at:

http://www.stockcero.com/bookregister.htm

www.ingramcontent.com/pod-product-compliance
Lightning Source LLC
Chambersburg PA
CBHW021117300426
44113CB00006B/185